Francisco de Rojas Zorrilla

Los bandos de Verona

Barcelona **2024**
Linkgua-ediciones.com

Créditos

Título original: *Los bandos de Verona*.

© 2024, Red ediciones S.L.

e-mail: info@linkgua.com

Diseño de cubierta: Michel Mallard.

ISBN tapa dura: 978-84-9953-625-5.
ISBN rústica: 978-84-9816-034-5.
ISBN ebook: 978-84-9897-776-9.

Sumario

Brevísima presentación

La vida
Francisco de Rojas Zorrilla (Toledo, 1607-Madrid, 1648). España.
Hijo de un militar toledano de origen judío, nació el 4 de octubre de 1607.
Estudió en Salamanca y luego se trasladó a Madrid, donde vivió el resto de su vida. Fue uno de los poetas más encumbrados de la corte de Felipe IV. Y en 1645 obtuvo, por intervención del rey, el hábito de Santiago.
Empezó a escribir en 1632, junto a Pérez Montalbán y Calderón de la Barca, la tragedia El monstruo de la fortuna. Más tarde colaboró también con Vélez de Guevara, Mira de Amescua y otros autores.
Felipe IV protegió a Rojas y pronto las comedias de éste fueron a palacio; su sátira contra sus colegas fue tan dura al parecer que alguno de los ofendidos o algún matón a sueldo le dio varias cuchilladas que casi lo matan. En 1640, y para el estreno de un nuevo teatro construido con todo lujo, compuso por encargo la comedia *Los bandos de Verona*. El monarca, satisfecho con el dramaturgo, se empeñó en concederle el hábito de Santiago: las primeras informaciones no probaron ni su hidalguía ni su limpieza de sangre, antes bien, la empañaron; pero una segunda investigación que tuvo por escribano a Quevedo, mereció el placer y fue confirmado en el hábito (1643). En 1644, desolado el monarca por la muerte de su esposa Isabel de Borbón y poco más tarde por la de su hijo, ordenó clausurar los teatros, que no se abrirían ya en vida de Rojas Zorrilla, muerto en Madrid el 23 de enero de 1648.

Los bandos
Rojas Zorrilla escribió dramas profanos y religiosos: quince autos sacramentales, dos entremeses y cerca de setenta comedias de costumbres y dramas históricos. En esa época, en que abundaban las obras de teatro y tenían una enorme difusión popular, sus dramas destacaban por su intensidad trágica y sus comedias por su ritmo, sus enredos y su lenguaje sencillo.
Los bandos de Verona es junto a *Monteses y Castelvines*, de Lope de Vega, una de las más célebres versiones de la historia de Romeo y Julieta escrita durante el Siglo de Oro en España.

Personajes

Alejandro Romeo
Andrés Capelete
Antonio Capelete
Carlos Romeo
Conde Paris
Elena Romeo
Esperanza
Guardainfante, gracioso
Julia Capelete
Leonor
Otavio, criado
Soldados

Jornada primera

(Salen Julia, Elena, Esperanza y Leonor.)

Elena   ¿Lloras mi Julia?

Julia   Sí, Elena.

Elena   Templa el llanto a tus enojos.

Julia   Dos nubes hay en mis ojos
               que ha congelado una pena.

Elena   Lluevan, pues, y tu dolor
               mengüe, si alivio le das.

Julia   Antes cuanto lloro más,
               se hace la lluvia mayor.

Elena   ¿Di, cómo?

Julia   Mira la nube
               preñada de exhalaciones,
               que a penetrar las regiones
               del aire diáfano sube.
               que si del rayo el calor
               le hace derretir la nieve,
               de aquello mismo que llueve
               va naciendo otro vapor.
               Mira un río a su albedrío
               que al mar se va a despeñar,
               y por sus venas el mar
               le vuelve a hacer que sea río.
               Iguales hoy los enojos

son del mal que me condena,
una lloro, y otra pena
vuelve a congelar mis ojos.
Despeño el corriente frío
de mis mejillas al mar,
y este mar vuelve a prestar
caudales de plata al río.
¿Pues qué importará en rigor
despeñar corriente igual,
si río logro un caudal,
y nube abrazo un vapor?

Elena   A visitarte he venido
por templarte esos enojos,
y habla mi voz con tus ojos
y aun no me escucha tu oído;
que tienes razón confieso;
di tu mal, y no lo llores:
yo también siento dolores
y no los lloro por eso:
dime tu pena también.

Julia   Declárame tu dolor.

Elena   ¿Tú qué lloras?

Julia   Un amor;
¿tú qué sientes?

Elena   Un desdén.

Julia   Querida soy, y mi vida
de imposibles adolece.

Elena	Mayor mi desdicha crece, pues quiero y no soy querida.
Julia	Mi amante y dueño sabrás que me quiere más que a sí.
Elena	Mi amante me quiere a mí de cumplimiento no más.
Julia	Como a mi amante lograra hoy fuera mi amor dichoso.
Elena	Quisiérame a mí mi esposo, y mas que no le gozara.
Julia	Que no le amas tanto creo.
Elena	Tibio está tu antiguo ardor.
Julia	Esa es tema y no es amor.
Elena	Ése no es más de un deseo.
Julia	Mal le sabes definir.
Elena	Que es imagino en rigor mala urbanidad de amor el querer por conseguir.
Julia	Quien no aspira a merecer no quiere.
Elena	Engañada estás, antes quiere mucho más

	la que quiere por querer,
	y este amor goce renombre
	que estrella ha infundido bella.
Julia	Eso es amar una estrella
	y esotro es amar un hombre.
Elena	Con verle está mi pasión
	con templanza y sin enojos.
Julia	Eso es halagar los ojos
	y enojar el corazón.
Elena	Tú no sientes mi desdén.
Julia	Tú no sabes mi pasión.
Elena	Julia, tú tienes razón.
Julia	Elena, tú dices bien.
Elena	Salga en palabras veloz
	a declararse mi agravio.
Julia	Use mi pena del labio,
	logre mi queja la voz.
Elena	Decirte mi mal quisiera.
Julia	Oye mi dolor ahora.
Elena	Salte allá fuera, Leonora.
Julia	Esperanza, vete fuera.

(Vanse las criadas.)   Ya sabes que esta ciudad
de Verona, en civil guerra
cuatro años ha padecido
la prolija competencia
de dos antiguas familias
que la dan lustre y nobleza.
Montescos y Capeletes,
en cuyas cenizas muertas
de no apagados del odio
y de cubiertos en ella,
por memoria o por reliquia
algunos carbones queman.

Elena   Ya sé todo lo que dices,
y que la amistad estrecha
que en las dos se ha conformado,
aunque en linajes opuestas
nos ha unido tan iguales,
que excepción damos violenta
desta regla de la ira
siendo, del hado a la fuerza,
tú del árbol Capelete,
yo de la rama Montesca.

Julia   Fue el principio destos bandos
una inútil academia
en que justaron un día
el valor y la destreza.
Tu padre Otavio Romeo
(a cuya anciana experiencia
Verona debió más lauros
que Roma triunfos a César)
mantenedor de un torneo,
vibrando en la mano diestra

contra su competidor
asta de pino ligera,
por la visera una astilla
halló la entrada tan cierta
(que a veces hace el acaso
mucho más que la destreza),
que dio la muerte a mi hermano
Luis Capelet, sin que hubiera
quien achacase a su enojo
de aquella muerte una seña;
mas como la sangre es fuego,
sopló el dolor la materia
de la envidia, que fue siempre
una hipócrita pavesa
que está ardiendo como viva
y humeando como muerta;
y todos los Capeletes
cobrar la venganza intentan
en tu noble padre anciano,
que entre valores envuelta
rindió la vida, dejando
póstuma otra vida nueva
que nació de aquella muerte,
porque toda Italia sepa
que las canas de los nobles
(bien que embotadas parezcan)
cobran más seguros filos
si se aguzan en la ofensa.
Tu hermano Alejandro, entonces
la espada indigna soberbia
en venganza de su padre,
con tanta ira, que apenas
logró del primer amago
la satisfacción primera

cuando todos los Montescos
sus parciales, aprovechan
la ira más que el valor,
y con saña torpe y ciega
no perdonan Capelete
que de su espada sangrienta
no sea ejemplo de sí
y escarmiento de otro sea.
Anciano en quien florecieron
canas de cien primaveras,
dio por fruto los corales
que maduraba en sus venas,
tierno infante que en la cuna
se adormeció a la querencia
del arrullo, a su inocente
noble sangre se gorjea:
llegó la saña a los templos,
la voz regiones penetra;
¡vivan los Montescos! dicen
los unos, los otros ¡mueran!
Capelete allí agoniza;
un Montesco allí pelea
con la muerte; el alarido
se escucha, mas no la queja;
cayose aquel edificio,
a titubear otro empieza,
y son puntales del flaco
los que del caído cuelgan.
Da el hijo voces al padre,
la madre al hijo lamenta,
y con ser tan grande el daño
aun es mayor la sospecha.
Llega Alejandro a mi casa,
y tan indignado llega

a dar la muerte a mi padre,
que no hallándole, se venga
en los criados, y entrando
más adentro, no reserva
pintado halcón, que las aves
descubre en ruda floresta;
maniatado bruto, a quien
regaló mano grosera;
temporal ave, que canta
en la infancia de la selva;
y llegando hasta una cuadra
donde mis pestañas negras
iban ensartando el llanto
que se quejaba en mi pena,
quiere darme muerte; y yo,
porque no se compadezca
de mi llanto, doy al rostro
esa blanca usada tela
a quien ocupa el dolor
y le inventó la limpieza.
Con el acero me busca
y con la mano siniestra
quita el Cambray de mis ojos,
y no los ha visto apenas,
cuando dejó en el amago
a la ejecución perpleja.
En fin, si fue piedad suya
o fuese verme tan muerta
que estaba inútil su acero
no estando ociosa mi pena:
o fuese verme rendida,
o fuese porque es nobleza
del rayo no emplear iras
donde faltan resistencias:

o fuese por mi hermosura,
o porque (aunque no la tenga)
no se hacen todos los ojos
a la luz de la belleza:
o fue, qué sé yo por qué,
que siempre en estas materias
aquello que no se sabe
es aquello que más prenda;
apagar hizo aquel odio
que ardiendo en nobles centellas
tuvo en el mismo no arder
aun más pertinaz materia.
Agradezco su valor,
y quedé, decir pudiera,
mucho más que agradecida;
mas quedó en mí la dolencia;
porque habrá alguno que llame
facilidad a la fuerza.
Solicítame después
con cuidado y con fineza;
dile oídos, y él me dijo
aquellas mentiras tiernas,
que, sabiendo que lo son,
no hay mujer que no las crea.
Háblame una y otra noche
por los hierros de una reja;
rogaba, escúchole el ruego;
quejábase, oigo la queja;
finge enojos como airado,
y créolos como necia;
pídeme en mi casa entrada,
cierro a su oído la puerta;
porfía, no lo permito;
háceme aquellas protestas

que hacen todos, y ninguno
cumple, aunque cumplirlas quiera.
Déjole entrar en mi casa,
vase hallando mucho en ella;
díceme que es ya lo más
haber entrado a esta fuerza;
que me rinda a los partidos
de ser mi esposo. Aquí vieras,
ya su ruego, ya su amor,
pelear con mis sospechas.
Creía yo sus palabras
como amante, y al creerlas
solo la desconfianza
de mí me tuvo suspensa.
A mí sola me temía;
que mala hora es aquella
en que una mujer de partes
desconfía de sí mesma.
mi amor ya le has entendido,
ya te dije su asistencia;
yo soy mujer, y él galán;
hubo días, hay finezas.
El trato es parcial de errores,
la noche siempre es tercera;
Y así... pero no eres tú
tan bozal, tan extranjera,
que no entiendes el lenguaje
del amor; calle mi lengua,
y colige mi desdicha
de mi silencio en las señas;
que males deste linaje
no se entienden si se cuentan,
y solo se explican más
si los calla la vergüenza.

Ya por el mar de las dudas
navegaban mis sospechas
por el viento de un suspiro
y un leve Cambray por vela;
cuando halle próspero el cielo,
y a mi Alejandro que intenta
con rendimientos más finos
solicitarme más tierna.
Mas desde entonces me quiere,
y al ver que soy la primera
que quiere a un hombre premiado
por mérito o por estrella,
dije, viéndome al espejo,
que me halaga y lisonjea
mientes cristal, que me finges
en sombras una belleza,
que no fuera yo dichosa
si yo no fuera algo fea;
pero como siempre el mal
es sombra del bien, y es fuerza
que a una dicha que es gran dicha
una desdicha suceda,
mi primo, Andrés Capelete,
casarse conmigo intenta,
y a mi padre o mi enemigo,
con porfías y con quejas
le pide mi mano, y él,
por su sangre y por sus prendas,
parece, aunque no le admite,
que tampoco le desprecia.
Hoy mi padre me ha pedido
que con él case; tú piensa
a cuántos riesgos están
mi vida y mi fama expuestas.

Si a casar con él mi padre
me obliga, si no me fuerza,
mal podré sin honra ser
mujer de quien honra tenga.
Pues si Alejandro, mi dueño,
sabe que hay quien me pretenda
y que yo escucho este amor,
me expongo a que me aborrezca;
que aunque celos vulgarmente
dan a este fuego materia,
también se sabe que hay muchas
excepciones desta regla,
que unos con celos se encienden,
y otros con celos se hielan.
Casarme con Alejandro
no es posible, aunque pudiera,
pues mi padre es su enemigo
o por venganza o por tema:
y que ha de ser tan difícil,
imagina mi dolencia,
que le quiera por esposo
como que yo no le quiera.
De suerte, que un enemigo
sitiando esta fortaleza
a desembocar mis ojos
(foso de mi amor) se acerca.
si al socorro de Alejandro
voy esperando que venga,
¿cómo si le estorban tantas
artificiales trincheras?
Olvidarle no es posible;
casar con otro es violencia;
obedecer a mi padre
no es obedecer mi estrella;

para aguardar que se ajusten
estos bandos no hay paciencia;
convalecer, no es posible;
desesperar, es flaqueza;
olvidar, cruel remedio;
querer, imposible fuerza;
quejarme más, no es valor;
callar más, no es fortaleza;
y así, pues sabes de amor,
como amante me aconseja,
amiga me persuade,
y como hermana me templa,
porque te deba mi fama
y porque mi amor te deba,
ella decentes alivios,
y él maduras experiencias.

Elena   Pues yo te quiero contar
mayor pena.

Julia   No lo creo.
Dila.

(Sale Esperanza.)

Esperanza   Alejandro Homeo
dice que te quiere hablar.

Julia   ¿Es él, o me has engañado?

Esperanza   Por señas que trae consigo
a Carlos, su grande amigo,
que es quien siempre anda a su lado.

Julia	¡Qué querrá, cielos! ¿qué es esto?
Esperanza	Dentro, en la antesala está.
Julia	Dile que no se entre acá, que aunque no vendrá tan presto mi padre, le temo.
Alejandro (Dentro.)	Di que tengo de entrar.
Julia	Señor, advierte que no es amor no mirar por ti y por mí.
Alejandro (Dentro.)	Ahora mi intento sabrás, mi imposible soberana; ¿estás sola?
Julia	Sí, tu hermana está conmigo no más; vete, Alejandro, que yo verte a la noche confío.
Alejandro (Dentro.)	¿No vino un criado mío a darte un recado?
Julia	No.

(Salen Alejandro y Carlos.)

Alejandro	Pues a decir mi cuidado se arroja mi confianza.

22

Julia	Cierra esa puerta, Esperanza, presto, y vete, dueño amado.
Alejandro	Pues bien, podéis iros vos.
Carlos	Esperando os quedaré.
Alejandro	Idos, que yo os buscaré.
Carlos	Pues adiós, amigo.

(Vase.)

Alejandro	Adiós. Julia, yo no vengo a verte, a tu padre vengo a hablar.
Julia	¿Qué dices?
Alejandro	Y a remediar con una voz una muerte. Pedirte por dueño quiero, que no tengo por peor fallecer de su rigor si de tu esperanza muero. Que te adoro le diré, que bien veo (aunque estoy ciego) que por arriesgar un ruego no se aventura una fe. Los bandos que yo encendí el tiempo los apagó; días ha que dura el no, instantes hay para el sí. A poner remedio acuda

mi fe a esta dificultad,
muera yo de una verdad
si he de morir de la duda.

Julia   Dueño mío, ¿cómo un daño
               tan evidente no ves?

Alejandro   Ya de mi dolencia es
               medicina el desengaño.

Julia   Mira...

Alejandro   Tu amor no divierta
               mi intento, porque es en vano
               porfiar.

Elena   Considera, hermano...

(Llaman.)

Esperanza   Llamando están a la puerta.

Julia   ¿Quién puede ser? ¡muerta estoy!
               Mira quién es al instante.

Esperanza   ¿Quién llama?

Guardainfante (Dentro.)
                       Yo.

Esperanza   ¿Es Guardainfante?

Guardainfante (Dentro.)
               Abre, Guardainfante soy.

Julia	Ábrele.

(Entra Guardainfante, lleno de yeso.)

Guardainfante	Sea Dios aquí.
Alejandro	¿Cómo vienes tan manchado?
Guardainfante	¿Aquí estás?
Alejandro	¿Cómo has tardado tanto en llegar?
Esperanza	Habla, di.
Alejandro	Un recado que le he dado, ¿cómo a traerle no vino?
Guardainfante	¿No ves tú que en el camino me han dado a mí mi recado?
Julia	Esperanza: cierra ahí, ¡no entre mi padre!
Esperanza	Sí haré.
Guardainfante	No hará, que yo le dejé más de diez calles de aquí.
Alejandro	Habla.
Esperanza	¿Aun a hablar no se atreve?

Elena	¿Qué sucedió?
Guardainfante	¿Hay tal porfía?
Esperanza	¿Qué es eso? ¿es alojería?
Guardainfante	Es el diablo que la lleve.
Julia	Ea, Guarda infante, hablad.
Alejandro	Habla, nada te acobarde.
Guardainfante	Ya sabes tú que ayer tarde cené mucho.
Alejandro	Así es verdad.
Guardainfante	Salí de casa a llevar un recado esta mañana, y en la calle me dio gana de volver a descenar. Y aunque por diez avestruces tengo el calor natural, entreme en cierto portal, y hallele lleno de cruces. Partí luego diligente con gran prisa y gran afán a entrar en otro zaguán, y hallele lleno de gente. A otro paso, y éste dejo con mi pasión natural, y hallo ocupado el portal de un zapatero de viejo. Voy después con ansia fiera

a otro que estaba primero,
y encuentro en él un hormero,
y en otro una soletera.
Voy, la gana decentada,
hacia una obra que vi,
y por la calle que fui
dejé gran obra cortada.
Entré en la obra con mil
ansias, que el descanso cobra,
y viome empezar la obra
cierto peón de albañil:
—¿Qué hace aquí? —me dijo, viendo
la prisa con que acudí;
pero yo le respondí:
—No hago, que estoy deshaciendo.
A un alarife vi ser
quien más me estaba mirando,
y dije, éste está ajustando
qué cascote he menester.
Quíseme escapar por eso:
tarde al remedio acudí,
trajeron el cuezo allí
donde tenían el yeso,
y pusiéronse a la par
a tabicar el postigo;
que no me le cierren, digo,
y el maestro dijo: Alzar.
Un peón como un Roldán,
dijo a esotros: No le deis,
Montescos somos los seis,
y es Montesco este galán.
—Es así —dijo un pobrete
con furia muy temeraria—
pero su parte contraria

bien se ve que es Capelete.
Hicieron luego otra masa
de yeso vivo y cal muerta,
vaciáronme por la puerta,
y fuime a enjuagar a casa.

Alejandro   En fin, mi intento divierto.
             ¿No hablaré a tu padre?

Julia   No;
             dime tú, ¿quién más que yo
             sabe de mi padre?

Alejandro   Es cierto;
             pues no se aventure todo;
             lo que me ordenas haré.

Julia   Esta noche te veré,
             y dispondremos el modo
             para hablarle con templanza,
             y ocasión que hacerlo quiera.

Alejandro   Y será la vez primera
             que halle puerto una esperanza.

Julia   Mas cuando me niegue el sí,
             mi amor no te olvidará.

Alejandro   Ni el hado permitirá
             que yo te aborrezca a ti.

Julia   Mas si te hallase mudado.
             más quiero, dueño querido...

Alejandro	¿Qué?
Julia	Que hayas aborrecido, que no que hayas olvidado.
Alejandro	¡Oh qué mal sabes curar los accidentes de amor! Dime, Julia, ¿no es peor aborrecer que olvidar?
Julia	Tu falsa opinión por necia no debe ser admitida, que el que aborrece, no olvida, pero el que olvida, desprecia.
Alejandro	Aborrecer he creído que al necio olvidar excede, que en una memoria puede hallar remedio un olvido. Difícil es ver trocado un odio en amor posible; y acordarse es imposible de aquello que se ha olvidado. Luego si con mi argumento te pongo por ejemplar que es tan difícil amar sobre un aborrecimiento; y ahora colegirás con evidencia también, que es tan fácil querer bien sobre un olvido no más; luego va (por no entendida) toda tu opinión errada, y es mejor ser olvidada

que no ser aborrecida.

Julia

Sí, pero el que ha aborrecido,
y aborrece, puede ser
que en el mismo aborrecer
se acuerde de que ha querido.
Pero aquel que se olvidó
de las glorias de amor loco,
aun no se acuerda tampoco
del tiempo que aborreció.
Pues más quiero, aunque esté errada
esta mi opinión creída,
ser por odio aborrecida,
que por desprecio olvidada.

Alejandro

Aborrecer he pensado
que es vengarse.

Julia

                    Es porfiar,
y olvidar es no estimar
aquello que se ha gozado,

Alejandro

Divertido solo está
quien olvida, airado no.

Julia

Por eso el que aborreció
nunca se divertirá.

Alejandro

Falsa es tu razón.

Julia

                    No es buena
la que sigue tu pasión.

Alejandro

Elena, di tu opinión.

Julia	Di tu parecer, Elena,
	habla amiga por tu vida.
Elena	Si responder es forzoso,
	el conde Paris, mi esposo
	me ha aborrecido, y me olvida.
Alejandro	Pues si antes te ha aborrecido...
Julia	Ahora olvida tu fe.
Alejandro	¿Cuál sentiste más?
Julia	¿Cuál fue?
Alejandro	Di la verdad.
Elena	El olvido;
	porque más estimo yo
	(dado que le halle inconstante)
	que hoy se acuerde el que es amante
	de que ayer me aborreció,
	que no (en mi desprecio) ver,
	cuando yo más fina estoy,
	que llegue a olvidarme hoy
	de que me ha querido ayer.
Julia	Esa opinión acredito.
Alejandro	Esta sigo.
Julia	Errado vas.

Alejandro	Escucha.
Julia	Porfiado estás.
Guardainfante	Con licencia este ejemplillo.

quiere alguna dama bien
a un galán por su dinero,
destos que dan un puchero
(aunque hay pocos que lo den).
y ella, con muy malos modos,
con verle fino y fiel
vino a hacer después con él
lo que hacen todas con todos.
Como era dama del pasto,
bien que a los riesgos del susto,
tenía otro del gusto,
que esto pasa a los del gasto.
Ve el gastador sus errores
(así el que es bobo se llama);
que poner sitio a una dama
no se hace sin gastadores;
vase airado y furibundo,
déjala el tal caballero,
después que ha sido el postrero
que supo lo del segundo.
Mas la dama escarmentada
de ver que el galán perdió,
que ayer con olla se vio
y hoy se mira desollada;
y viendo que obrando van
tantas hambres enemigas,
en casa de sus amigas
anda rondando al galán.
Y sabiendo que va allí

a verlas todos los días,
las pregunta: amigas mías,
¿este hombre no habla de mí?
—Él te llega a aborrecer,
la dicen, sabe sentir,
y ella empieza a discurrir,
este hombre ha de volver.
Y dicen ellas así
cuando en su cónclave están
peor fuera que mi galán
no hablara nada de mí
pues si las damas del pido,
como en mi ejemplo verás,
solicitan mucho más
el odio que no el olvido,
con fingir una pasión
que a ser pasión no se asoma;
¿Porque las damas del toma
no han de seguir su opinión?

Alejandro	No quiero más porfiar.
Julia	De ti me dejo vencer; ¿tú no no me has de aborrecer?
Alejandro	No.
Julia	¿Tú no me has de olvidar?
Alejandro	A desconfianza pasa ese recelo, esa pena.
Julia	Esto hace amor.

Alejandro	Ven, Elena,
	Te iré acompañando a casa.
	Adiós, divino arrebol,
	en cuyos rayos cegué,
	que esta noche te veré.
Julia	¡Oh, muérase presto el Sol!
Elena	Y otra vez en tan civiles
	cosas no porfiéis los dos.
Alejandro	Pues adiós, esposa.
Julia	Adiós.

(Llaman a la puerta.)

Esperanza	Tu padre.
Guardainfante	Los albañiles.
Alejandro	Hablarele.
Julia	Mira, esposo,
	que todo se echa a perder.
Alejandro	¿Yo me tengo de esconder?
Antonio (Dentro.)	Abrid aquí.
Julia	Ya es forzoso
	esconderte.
Alejandro	¿Habrá templanza

34

	en mi fortuna cruel?
Julia	Elena, éntrate con él; Abre esa puerta, Esperanza.
Elena	¡Qué torpe estoy!
Alejandro	¡Estoy muerto! Quiérome esconder por ti.

(Escóndense Alejandro, Elena y Guardainfante al paño. Salen Antonio y Andrés.)

Andrés	Voz de hombre digo que oí.
Antonio	No puede ser.
Andrés	Esto es cierto.
Antonio	Ya estás, Andrés, importuno.
Andrés	Vedlo, y veréis que es así.
Antonio	Julia, ¿quién ha entrado aquí?
Julia	Aquí no ha entrado ninguno.
Antonio	¿Veis, sobrino, cómo vos sois porfiado?
Julia	Puede errar.
Antonio	Pues mi casa he de mirar por la duda, vive Dios.

Julia	Satisfacerle es en vano a mi primo o mi enemigo porque ha de tomar conmigo el parentesco de hermano.
Andrés	Dices bien.
Julia	Y eso ya pasa a necedad.
Andrés	Irme quiero.
Antonio	Esperad, porque primero he de ver toda la casa.
Andrés	Yo creo vuestra verdad.
Julia	El dolor me tiene muda.
Antonio	Yo he de curar una duda con una experiencia; entrad.
Andrés	No he de entrar.
Antonio	Hoy ha de ver en mi verdad a su error
Julia	Primero mira, Señor...
Andrés	Yo no intento...
Antonio	Esto ha de ser.

Julia (Aparte.)   (Él entra ahora iay de mí!)
                     Y a Alejandro ha de encontrar.

Andrés   ¡Que viniese yo a enojar
                     a Julia!

Antonio   ¿Quién está aquí?

Andrés   Un hombre halló.

Julia (Aparte.)   (¡Estoy perdida!)

Andrés   Entrar a ayudarle intento.

Antonio   Diga quien es al momento,
                     si quiere librar su vida.

(Saca a Guardainfante.)

Guardainfante   Suplico a usted que se espere.

Esperanza   A Guardainfante encontró.

Andrés   Diga quién es o si no...

Guardainfante   Un albañil, ¿qué me quiere?

Antonio   ¿Pues qué hay aquí que labrar

Andrés   ¿No responde?

Guardainfante   ¿Hay tal sobrino?

Antonio   ¿Cómo no dice a qué vino?

Guardainfante	Yo he venido a trastejar.
Antonio	Ya que trastejar quisieras, ¿junto a mi cama hay tejado?
Guardainfante	¿Pues qué cama de hombre honrado hay que no tenga goteras?
Antonio	Pues dime, ¿quién te llamó a mi casa?
Guardainfante (Aparte.)	(Él me ha pescado, ¿qué diré?)
Esperanza (Aparte.)	(Él se ha turbado.) El casero nos le envió para que el tejado viera.
Antonio	¿Hale visto?
Esperanza	No le vio.
Andrés	A este aposento ¿a qué entró?
Esperanza	A sacar una escalera.
Guardainfante	Sor sobrino, fondo en yerno, ¿quiéreme usted dejar?
Antonio	¿En verano trastejar?
Guardainfante	Sí, Señor, para el invierno.

38

Antonio	Vuelva otra vez, que ahora vino a muy mal tiempo.
Guardainfante	Eso no.
Andrés	¿Por qué?
Guardainfante	No trastejo yo en casa donde hay sobrino.
Andrés	Váyase.
Guardainfante (Aparte.)	(Ahora me río, burlados quedan los dos.) Ah, señor sobrino, adiós.
Andrés	Adiós.
Guardainfante	Servidor, señor tío.

(Vase.)

Antonio	Y vos idos luego, Andrés
Julia	¡Alentad, sospecha mía!
Antonio	Que ha sido gran demasía la vuestra.
Andrés	Confieso, que es enojarte yerro mío.

Antonio	Vuestra, Julia, no será.
Julia	Que mi padre no querrá violentarme el albedrío.
Andrés	¿No os merezco yo?
Antonio	Eso es.
Julia	¡Qué ignorante!
Andrés	Bien decís.
Antonio	Calla tú.
Esperanza	El conde Paris quiere hablarte.
Antonio	Idos, Andrés, vete Julia
Julia (Aparte.)	(¡Soy de hielo!) Por no escucharte me iré.
Andrés (Aparte.)	(¡Gran crueldad!)
Julia (Aparte.)	(Cielos, ¿qué haré?)

(Vase Andrés, y Julia se queda al paño; y salen al paño a otra puerta Alejandro, y a otra Elena. Sale el conde.)

Conde	Amigo, guárdeos el cielo.
Antonio	Traed sillas.

Conde	No las pidáis.
Antonio	¿Por qué?
Conde	Porque mi cuidado no puede estar sosegado.
Antonio	Pues decid, ¿qué me mandáis?
Conde	Que a una discreta venganza me ayudéis solo quisiera; vaya esa criada fuera.
Antonio	Vete allá fuera, Esperanza.
Conde	¿Estamos solos?
Antonio	Sí, amigo.
Alejandro (Al paño.)	Salir ahora es forzoso.
Elena (Al paño.)	Veré qué intenta mi esposo.
Alejandro (Al paño.)	Escucharé mi enemigo.
Julia (Al paño.)	Escuchar desde aquí intento; ojos, el llanto templad.
Antonio	Ea, Conde amigo, hablad.
Conde	Atended.
Antonio	Ya estoy atento.

Conde	Noble Antonio Capelete,
	en cuyas canas y acero
	debe la Milicia triunfos
	y experiencias el consejo;
	yo enfermo de dos dolencias,
	en dos accidentes peno;
	yo tengo odio y tengo amor,
	yo quiero bien y no quiero.
	Dos extremos hay en mí
	sin hallar el medio en ellos
	que aunque no se pueden dar
	extremos sin que haya medio,
	amo con tanta pasión,
	con tanta ira aborrezco,
	que no veo más en mí,
	cuando verme más deseo,
	sino a un extremo del odio
	y del amor otro extremo.
Antonio	¿Aborrecéis y queréis
	a un tiempo a un mismo sujeto?
Conde	No, Antonio; dos son los males,
	dos causas hay para ellos,
	y tengo para los dos
	repartidos dos afectos.
Antonio	¿A quién queréis me decid?
Conde	Quiero deciros primero
	a la que aborrezco airado
	por gastar este despecho,
	y después a la que adoro,

porque si a la voz enseño
a pronunciar los ardores,
que errará las iras temo
con el curso que a la voz
hace el labio lisonjero;
pero no errará después,
si antes por el odio empiezo;
que el que ha de contar que adora,
es bien que diga primero
que ha aborrecido, y no es bien
de odio y de amor en el duelo
que el que cuenta que ha querido
diga que aborrece luego.

Antonio   ¿Pues a quién aborrecéis?
Ea, decídmelo presto.

Conde   Sí haré, porque tengo gana
de decir a la que quiero.

Antonio   Decid.

Conde   A Elena, mi esposa,
es a la que yo aborrezco.

Elena   ¡Cómo duele el escucharlo
aun mucho más que el saberlo!

Antonio   ¿Pues no la adorabais antes?

Conde   El que entra a un jardín ameno,
elige la azul violeta
porque la encontró más presto
que a la rosa que esperaba

púrpura y nácar vertiendo;
mas luego que ve a la rosa,
reina del campo, que ha puesto
para guardar su hermosura
las espinas por archeros,
porque la ve más guardada
la procura. (¡Oh vil respeto
de los hombres que nos vamos
a solicitar los riesgos!)
Y porque es inconveniente,
no porque es mejor, queremos
más el desdén de una espina
que de otra flor el requiebro.

Antonio   ¿Pues por qué la aborrecéis?

Conde   Como Alejandro Romeo
es su hermano, y como es
del árbol noble Montesco
y yo Capelete soy,
con ver que a mi lado tengo
una mujer que me es siempre
embarazo para el lecho,
fatiga para el descanso,
e inquietud para el sosiego,
estoy tan desesperado.

Antonio   ¿Por qué?

Conde   Porque como al tiempo
que yo me casé con ella
no estaba encendido el fuego
de aquestos bandos que hoy
arde en callados incendios,

es mi sentimiento más,
y ha llegado mi despecho
a tiempo que la he querido
dar la muerte; mas no quiero,
puesto que hoy puedo un ardid,
aprovechar un acero.

Antonio   ¿Pues qué intentas?

Conde   Escuchad.

Antonio   Decid el intento.

Conde   Intento
que el juez dé este matrimonio
por nulo.

Antonio   Hablad.

Conde   Porque al tiempo
que yo casé con Elena,
tan mal me quiso este tiempo,
que viendo que hermano y padre
me hicieron su esposo y dueño,
protestó que la casaban
por fuerza.

Antonio   ¿Y hay instrumentos
para probarlo?

Conde   Sí, amigo.

Antonio   ¿Y ella convendrá en hacerlo?

Conde	No.
Antonio	¿Pues qué pensáis hacer?
Conde	Desta misma fuerza espero valerme; si ella quisiera no ser mi esposa, ¿no es cierto que el matrimonio se diera por inválido?
Antonio	Eso entiendo.
Conde	Pues yo me he de aprovechar de su misma fuerza, puesto que si ella fue violentada, fue el matrimonio violento.
Antonio	¿Y ella os quiere?
Conde	Sí
Antonio	¿Por qué vos la aborrecéis?
Conde	Por eso, que es pensión del que aborrece ser querido.
Antonio	¡Oh, cuánto precio que estas ramas apartadas del Capelete árbol regio vuelvan al cuerpo del árbol!
Conde	No quede vivo un Montesco

sin que en pálidas cenizas
espíritus libre el viento.

Antonio Deraos primero la muerte
a este Alejandro Romeo,
pues sin la cabeza quedan
defectuosos los miembros.

Alejandro ¡Oh traidores!

Julia (Aparte.) (¡Oh palabras,
que me penetráis el pecho!)

Conde Pues más falta.

Antonio ¿Qué más falta?

Conde Que prometáis...

Antonio No os entiendo.

Conde Que dado que el matrimonio
de Elena quede deshecho
me daréis...

Antonio ¿A quién?

Conde A Julia
por esposa.

Alejandro (Aparte.) (Ahora, cielos,
es ocasión de morir.)

Julia (Aparte.) (Ahora, ahora un acero.)

Antonio	¿Luego es a quien vos queréis?
Conde	Es la luz por quien yo veo.
Antonio	Sí; mas si yo os la ofreciere, y el matrimonio a este tiempo por defecto de probanza quede válido...
Conde	Yo ofrezco ser su esposo, viva Julia
Antonio	Conde amigo, mucho temo que no lo podáis cumplir, que aunque es verdad que yo os creo...
Conde	Vuelvo otra vez a deciros que hay puñales y venenos, ¿que respondéis?
Antonio	Que ya es vuestra.
Conde	¿Lo cumpliréis?
Antonio	Lo prometo.
Conde	Pues vivan los Capeletes.
Antonio	Mueran todos los Montescos.
Conde	Otra cosa falta ahora.
Antonio	¿Qué es?

Conde	Que habléis a Julia en esto.
Antonio	Pues a ese cuarto, que es mío, os retirad, porque intento...
Conde	¿Qué es lo que intentáis, amigo?
Antonio	Que desde él oigáis mi ruego, que yo al cuarto de mi hija voy a hablarla.
Conde	Mucho os debo.
Antonio	Pues vivan los Capeletes.
Conde	Mueran todos los Montescos,
Antonio	Y Alejandro.
Julia (Aparte.)	(¡Qué desdicha!)
Antonio	Con mis manos.
Alejandro (Aparte.)	(¿A qué espero?)
Elena (Aparte.)	(Si él ha de entrar yo me arrojo.)
Alejandro (Aparte.)	(Si me ha de hallar, salir quiero.)
Antonio	Ha de morir.
Alejandro (Aparte.)	(¿A qué aguardo?)

Antonio	¿Y mi Julia?
Julia (Aparte.)	(¡Qué tormento!)
Conde	¿Será mía?
Alejandro (Aparte.)	(¡Hado cruel!)
Antonio	¿Y Elena?
Elena (Aparte.)	(¿En qué me suspendo?)
Conde	Morirá.
Elena (Aparte.)	(¡Grave dolor!)
Antonio	¿No entráis?
Conde	Sí, ya os obedezco.
Antonio	Pues yo voy a hablar a Julia
Conde	Y yo voy a obedeceros.
Antonio	Viva Julia.
Conde	Muera Elena.
Antonio	Muera Alejandro Romeo.

(Salen Alejandro y Elena.)

Alejandro	No querrá el cielo traidores.

Elena	Ingrato, no querrá el cielo.
Antonio	¿Pues cómo tú aquí, Alejandro?
Conde	¿Tú, Elena, cómo aquí dentro?
Julia (Aparte.)	(¿Ahora qué he de hacer de mí?)
Antonio	¡Estatua soy!
Julia (Aparte.)	(¡Muerta quedo!)
Antonio	Dentro de mi casa ¿cómo ahora?
Elena	¡Mi muerte temo!
Antonio	¡Profanáis este sagrado!
Alejandro	Respóndeme tú primero cómo eres traidor, que yo te daré respuesta luego.
Conde	¿Tú, cómo estás aquí, Elena?
Elena	Respóndeme tú si es yerro que te quiera yo, y después diré cómo entré aquí dentro.
Antonio	Yo busco a la ofensa mía la venganza como puedo.
Alejandro	Hija es del valor la ira, pero la traición del miedo.

Conde	Tú eres del contrario bando.
Elena	También tu aborrecimiento es contra el bando de amor, y te adoro a todo riesgo.
Alejandro	¿Pues qué intentas?
Antonio	Darte muerte

(Sale Andrés.)

Andrés	Y yo a tu lado pretendo dar venganza a una sospecha.
Conde	Amigos, muera Romeo.
Alejandro	Para traidores sois pocos.

(Sale Julia.)

Julia	Padre y señor, si merezco que hallen lugar en tus iras las caricias de mi ruego, sabe que...
(Aparte.)	(Desta manera remediar procuro un riesgo.)
Antonio	¿Qué decís?
Julia	Que es Alejandro mi amante, mi esposo y dueño, y que das muerte a tu honor

si le matas.

Antonio   Antes quiero
porque no muera mi honor
darle muerte.

Conde   Pues yo empiezo
ahora a tener más iras.
porque empiezo a tener celos.

Andrés   Pues yo tengo amor también.
luego también yo los tengo.

Antonio   Pues muera.

(Riñen todos contra Alejandro.)

Julia   Detén la espada.

Alejandro   Traidores...

Elena   Ten el acero.

Antonio   No es traidor el que se venga.

Alejandro   Vive el cielo que me huelgo
que seáis tantos.

(Sale Carlos, pónese al lado de Alejandro.)

Carlos   A tu lado
tienes a Carlos Romeo;
tu criado me avisó
tu riesgo, y vine a tu riesgo,

	deudos, parciales, amigos tuyos me vienen siguiendo.
Alejandro	¡Mueran todos!
Julia	Ven, Elena
Elena	¿Dónde vas?
Julia	Veraslo presto.
Alejandro	Pues mueran los Capeletes.
Voces (Dentro.)	¡Mueran!
Todos	¡Mueran los Montescos!

(Éntranse acuchillando y tornan salir el conde, sin espada, Alejandro, Julia y Elena.)

Conde	Detén la espada, Alejandro.
Alejandro	Muere, traidor.
Conde	Yo no creo que la muerte me has de dar sin espada.
Alejandro	Yo no tengo lástima del que es traidor, muere.

(Pónese Elena en medio.)

Elena	Detén el acero,
	que es mi esposo.
Julia	Dale muerte,
	que es mi enemigo.
Alejandro	Eso apruebo.
Elena	Mira que es el dueño mío.
Julia	Mira que es quien te da celos.
Elena	Que es mi esposo.
Alejandro	No te quiere.
Elena	Qué importa, si yo le quiero.
Julia	Que es quien quiere serlo mío.
Elena	Mira que no puede serlo.
Julia	Mira que es traidor.
Alejandro	Bien dices.
Elena	Que está rendido.
Alejandro	Eso veo.
Julia	No me quieres, si perdonas
	a quien me quiere.
Alejandro	¿A qué espero?

Elena	No soy tu sangre, si matas al que es mi esposo y mi dueño.
Carlos (Dentro.)	¡Mueran Capeletes!
Todos	¡Mueran!
Otros	¡Viva Alejandro Romeo!
Antonio (Dentro.)	Socorro, Andrés Capelete, que me dan la muerte.
Julia	Presto, ve a socorrer a mi padre.
Alejandro	Detente, Carlos Montesco, no le des la muerte, aguarda.
Julia	Libra a mi padre de un riesgo, que si aquesta vida es tuya, ésta es la que yo le debo.
Alejandro	Pues a ti yo te doy muerte con dejarte con los celos; a ti te doy una vida, pues con tu esposo te dejo; y a mí me añado un blasón, pues no te doy muerte y puedo.
Julia	Presto, esposo.
Alejandro	Vete, Julia

Julia	Pues a mi casa te vuelvo.
Alejandro	Veré si obligo a tu padre.
Conde	Veré si vengarme puedo.
Elena	La vida me debes, Conde
Conde	Por tu mano no la quiero.
Elena	¡Muriendo de penas vivo!

(Vase.)

Conde	¡Muriendo de celos muero!

(Vase.)

Julia	Presto esposo.
Alejandro	Adiós, Señora.
Julia	¿Cuándo nos veremos?
Alejandro	Luego.
Julia	Déjeme el cielo ser tuya.
Alejandro	Deme esta fortuna el cielo.

Fin de la primera jornada

Jornada segunda

(Salen Alejandro y Guardainfante.)

Alejandro   ¿Guardainfante?

Guardainfante   Señor mío.

Alejandro   ¿Quereisme bien?

Guardainfante   ¿Yo?

Alejandro   Sí.

Guardainfante   No.

Alejandro   ¿Por qué? di.

Guardainfante   ¿Pues qué criado
quiso bien a su señor?

Alejandro   ¿Podré fiarte un secreto?

Guardainfante   Un secreto no es ración
adelantada; bien puedes.

Alejandro   Sabe que resuelto estoy
de robar a Julia.

Guardainfante   ¿Cuándo?

Alejandro   Esta noche habrá ocasión.

Guardainfante   Si la robas te harás hombre,

que es espadilla de amor.

Alejandro   ¿Me ayudarás?

Guardainfante   Tu criado
de ayuda seré desde hoy.

Alejandro   Tú eres bueno para todo,
y te quiere mi afición
como a hijo.

Guardainfante
(Aparte.)   (¡Los arrumacos
que hace al criado el señor
cuando necesita dél!
Pero no me burlo yo
con un amo potro nuevo;
¡criados! ojo avizor,
que esta noche dan las ancas
y mañana tiran coz.)

Alejandro   Si tú no fueras gallina...

Guardainfante   ¡Qué gentil disparatón!
para un buen cristiano viejo
no hay comodidad mejor.
¿Qué tenemos con que riña
un hombre como un Sansón,
si no le darán por eso
la hija de un aguador?
Ver un valiente, no hablando
palabra de Sol a Sol
que no sea: «Dile un choque»
«gendile como un peón»

«diéronme esta cuchillada»
«hurguele, hermano de Dios,
porque no se le pegase
la cazuela del arroz»
«prendiome ayer un ministro,
Soltáronme por favor»
«¡qué resistencia hice anoche!»
«¡qué bofetada di hoy!»
¿no es mejor, decir, hui?
Cascáronme un bofetón,
y doliome luego, luego,
Mas luego no me dolió;
tiráronme un candelero,
mas quiso Dios que me erró;
y no que a todo valiente
de los de verde pendón,
los trae el diablo a la sombra
y los pone Dios al Sol.

Alejandro   Volviendo al caso, ya sabes
                   que con piedad y valor
                   di anoche la vida al padre
                   de Julia.

Guardainfante   Harto me pesó.

Alejandro   Y que después la pedí
                   por premio...

Guardainfante   Ya lo sé yo,
                   que a tu Julia le pediste,
                   y sé, que te la negó:
                   pero el viejo ya creía
                   que era tu esposa, y por Dios

que hiciste mal en pedirla.

Alejandro   Digo que tienes razón;
                   mas tú, Guardainfante amigo
                   has de dar, si hay ocasión,
                   este papel a mi Julia.

(Dale un papel.)

Guardainfante   Sí haré; mas dudando estoy,
                   ¿cómo he de poder entrar
                   a darle, que es un Nerón
                   el padre Antonio, y el primo
                   Andrés Capelete dos?

Alejandro   Eso tú lo has de saber.

Guardainfante   Pensarlo quiero por Dios.
                   que en estas materias suelo
                   discurrir como un Catón.
                   Mira, a las diez de la noche,
                   que es hora en que vacía amor,
                   suele salir Esperanza
                   a buscar su posesión,
                   y podré darle el papel.

Alejandro   Es tarde.

Guardainfante   ¿Por qué razón?

Alejandro   Porque en un coche de posta
                   a esa hora pienso estar yo
                   más de diez leguas de aquí.

Guardainfante	Y dime, ¿será mejor atarle con una piedra y tirarle a un corredor que caiga al cuarto de Julia?
Alejandro	No es esa buena invención; porque puede algún criado dar con él.
Guardainfante	Es que ando yo procurando que no den conmigo ¡válgame Dios! ¿Si haré una seña? esto es malo, que se vendrán a la voz, y me darán sin hallar. Topelo.
Alejandro	Di.
Guardainfante	A este rincón de la iglesia de San Carlos, ¿no ves un grande montón de tejas?
Alejandro	Pues di, ¿qué tratas?
Guardainfante	Pienso tomar una o dos, y pues me fingí albañil y me dijeron que hoy volviese a trastejar, quiero volver con esta ocasión, y desta teja decir que un millar compré, y que yo vengo a saber si las tejas

son buenas o malas son.
Y sobre las tejas quiero
fabricar esta invención,
que de las tejas arriba
te he de servir, vive Dios.

Alejandro   El arbitrio es como tuyo.

Guardainfante   A aquel albañil peón,
                   que es guardateja, le quiero
                   dar aqueste real de a dos
                   por un par.

Alejandro   Pues por mi cuenta
                   puedes poner un doblón.

Guardainfante   Si no puedo decir saca,
                   ¿qué importa que digas pon?

(Vase.)

Alejandro   Noche, enemiga del día,
                   negra hija de la traición,
                   tú que borras con las sombras
                   rayos que el Sol escribió,
                   pues de cómplice te precias
                   en los delitos de amor,
                   ayuda a tu delincuente;
                   llegue con curso veloz
                   tu sombra a ser dicha mía
                   por mejorar mi dolor,
                   que mis dichas son tan breves
                   que no más que sombras son.
                   Baja presto, y yo te ofrezco

64

por premio deste favor
quitarte la S y clavo
con que mi Julia te erró.
Yo te daré libertad
si me haces tu dueño hoy,
que de Julia eres esclava
si eres esclava del Sol.

(Sale Guardainfante con dos tejas.)

Guardainfante   ¿Qué te parecen las tejas,
                    Alejandro?

Alejandro   Buenas son.

Guardainfante   Ea, pues, entro con ellas.

Alejandro   Oyes, a la iglesia voy
                    a esperarte.

Guardainfante   No hagas tal,
                    Alejandro.

Alejandro   ¿Por qué no?

Guardainfante   Porque Antonio Capelete
                    tiene tribuna y balcón
                    desde su casa a la iglesia,
                    y escaleras, que es patrón
                    de aqueste templo, y ser puede
                    que salga a hacer oración
                    porque te lleven los diablos
                    o porque te lleve Dios.

Alejandro	Pues en esta esquina espero.
Guardainfante	Dame el papel.
Alejandro	Tómalo.
Guardainfante	¿Bastará darlo a Esperanza, o a Elena, que se quedó con ella en su casa anoche?
Alejandro	A cualquiera de las dos le darás.
Guardainfante	¿Si su marido el conde lo sabe?
Alejandro	No, a entrambas quiero llevarme.
Guardainfante	¿Di por qué?
Alejandro	Tengo temor que se venguen en Elena si la dejo.
Guardainfante	Pues adiós, que voy a dar tu papel.
Alejandro	Aquí esperándote estoy.
Guardainfante	Aquí voy a trastejar, mas temo...
Alejandro	Baja la voz

(Vase.)

Guardainfante   Que si este viejo me ve
                    será mi trastejador
                    y los dos me han de poner
                    donde me ponen los dos.
                    Ahora manos a la obra,
                    pero pies será mejor
                    para trastejar. Ya entré
                    al zaguán, ¡válgame Dios!
                    ¡Qué de valientes hubiera
                    si no se usara el temor!
                    por una muy mala parte
                    trasudando ahora voy,
                    mas las cosas de mi amo
                    las he de hacer con calor.

(Entra por una puerta y sale por otra.)

                    Éntrome a este cuarto bajo,
                    antesala y su farol
                    para manchar cuantos pasan;
                    lleno miro aquel rincón
                    de repulgos de empanada
                    y cabos de vela ¡oh!
                    Huyamos, aquí fue dueña.

(Sale Elena al patio.)

Elena   ¿Guardainfante?

Guardainfante   ¿Quién pidió
                    Guardainfante? Alguna niña

	enseñan a hablar, que hoy antes que el mamá y el taita es el Guardainfante, voy.
Elena	¡Ha, Guardainfante!
Guardainfante	¿Quién llama?
Elena	Elena.
Guardainfante	Llego a tu voz; Toma este papel y voime.

(Dale el papel a Elena.)

Elena	¿De quién es?
Guardainfante	De mi señor.
Elena	Déjame leerle antes.
Guardainfante	¿Lees bien, Elena?
Elena	Yo no.
Guardainfante	Pues si tú no lees bien, yo ando bien, gracias a Dios.
Elena	¿Es para mí?
Guardainfante	Él lo dirá.
Elena	Aguarda.

Guardainfante	Aguardando estoy; léele aprisa.
Elena	Sí haré. no hay de qué tengas temor, porque Antonio no está en casa.
Guardainfante	¿Qué importa si yo lo estoy?
Elena (Lee.)	«Luego que hayas anochecido, saldrás a la puerta principal de la Iglesia de San Carlos, donde espero; trae contigo a tu amiga; y dado que lo rehúse, puedes venir sola, sin prevención alguna, que yo tengo dos postas y lo necesario para nuestra huida. Dios te guarde.» Para mí es este papel, que como Alejandro vio el riesgo en que está mi vida, con fineza y con amor, sabiendo que estoy aquí, me ha avisado su intención; a Julia leeré el papel; dice que vamos las dos donde ordena; como Julia quiera salir.
Guardainfante	Yo me voy.
Elena	¡Ha, Guardainfante!
Guardainfante	¿Qué dices?
Elena	El padre de Julia entró.
Guardainfante	No importa, tejas y a él.

Elena   Voime.

(Vase.)

Guardainfante   Vete; esto es peor,
                que el conde Paris con él
                ha entrado: en gran riesgo estoy,
                porque me conoce el Conde;
                ya ha salido mi invención
                a teja vana; yo me entro
                con un miedo como yo
                debajo deste bufete;
                ahora yo me zampo, choz.

(Éntrase debajo de un bufete que estará en el tablado, con sobremesa que le
cubra todo. Salen el Conde y Antonio.)

Conde   En fin, ¿la venís a hablar?

Antonio   Con esa resolución.

Conde   Alejandro llevó a Elena
                anoche, y pues la llevó,
                no ha de volver a mi casa.

Antonio   Y con mejor ocasión
                la podéis dejar.

Conde   Sí, amigo.

Antonio   Idos a esperarme.

Conde   Voy

a este zaguán.

(Vase.)

Antonio   Vive el cielo
que se ha de casar con vos.

Guardainfante
(Aparte.)   (Mi vida está en una cosa,
en solo que me dé tos.)

Antonio   ¡Ha, Julia!

Guardainfante   Desde aquí oiré
con comodidad mejor.

(Sale Julia.)

Julia   ¿Quién llama? tú eres, Señor.

Antonio   Sí, Julia, yo te llamé.
Cerrar esta puerta quiero.

Julia   ¿Mi padre qué me querrá?

Antonio (Aparte.)   (Mi resolución verá.)

Julia (Aparte.)   (¿Qué me acobardo?)

Antonio (Aparte.)   (¿Qué espero?)

Julia (Aparte.)   (Hoy mis penas morirán.)

Antonio   Julia, ¿sois mi hija vos?

Responded.

Guardainfante
(Aparte.)   (Su madre y Dios
solamente lo sabrán.)

Julia   Señor sí.
(Aparte.)   (Mucho me llevo
de un temor y de un cuidado.)

Antonio   ¿Debeisme el ser que os he dado?

Julia   Y el amor también os debo.

Antonio   Pues, Julia, si esto es así.

Julia   Decidme lo que queréis.

Antonio   ¿Obedecer no debéis
cuando yo os mandare?

Julia   Sí.

Antonio (Aparte.)   (¡Que un padre llegue a temer
a su hija!)

Julia   ¿Qué decís?

Antonio   Que con el conde Paris
os caséis.

Julia   No puede ser.

Antonio   ¿La obediencia dónde está

	de vuestro pecho amoroso?
Julia	El Conde es de Elena esposo.
Antonio	El Conde no lo será.
Julia	Si es porque a Elena aborrece, toma ejemplo en ese error.
Antonio	Es muy discreto.
Julia	Señor, a mí no me lo parece.
Antonio	¿Es galán?
Julia	No le he mirado.
Antonio	Es valiente y no cruel.
Julia	¿Qué me importa a mí si él no ha de reñir a mi lado?
Antonio	Es de nuestra sangre el Conde,
Julia	Menos por eso me aplaco.
Guardainfante (Aparte.)	(¡Oh hija de aquel bellaco, qué lindamente responde!)
Antonio	¿No hay remedio?
Julia	¿No lo ves?

Antonio	Pues otro medio tomad:
	o con el Conde os casad
	o con vuestro primo Andrés.
Julia	Doy que por padre o por viejo
	dueño busque tu afición,
	a mí toca la elección,
	a ti no más del consejo.
	Justo es que casarme intentes,
	soy tu hija, tiénesme amor;
	persuádeme, Señor,
	mas no es bien que me violentes,
	y dale otro plazo ahora
	a tu intención no entendida,
	que lo que es para una vida
	no se elige en sola una hora.
Antonio	Menos ahora me empeño
	De cuanto he llegado a oír,
	que vos podáis elegir
	Estado, pero no dueño.
	Vuestro esposo ha de ser uno
	de los dos, si, vive Dios;
	y así elegid de los dos
	a cual queréis.
Julia	A ninguno.
Antonio	Ya os entiendo yo.
Julia	¡Ay de mí!
Antonio	Mas yo lo remediaré;

                              ¿anoche no os escuché
                              que a Alejandro amabais?

Julia   Sí;
                              Mas fue por ver si podía
                              templar tu temeridad.

Antonio   Ea, decid la verdad,
                              vuestra sangre es sangre mía,
                              ya yo sé lo que es amor,
                              experiencias tengo y años,
                              logro ya los desengaños,
                              ¿quereisle bien?

Julia   No, Señor.
(Aparte.)   (Si hablo, mi muerte recelo.
                              Bien de su enojo se infiere,
                              callaré.)

Antonio (Aparte.)   (Si ella le quiere
                              ha de morir, vive el cielo.)
                              a casarte con él salgo
                              si le llegas a querer.

Julia   Señor (por no parecer
                              que no te obedezco en algo)
                              ya uno eligió mi deseo,
                              pues lo mandas.

Antonio   Di, ¿cuál es?
                              ¿El conde Paris o Andrés?

Julia   Es Alejandro Romeo.

Antonio	Traidora, infame, ¿qué es esto?
	A Alejandro tú, ¿por qué?
Julia	Perdona, que yo pensé
	que me le habías propuesto.
Antonio	Hija inobediente, advierte,
	que si en mi cuerda elección
	no tomas resolución
	te tengo de dar la muerte.
Julia	¿Que, en fin, tan airado aquí
	ioh padre! te vengo a hallar,
	que la muerte me has de dar
	si no te obedezco?
Antonio	Sí.
Julia	¿Que, en fin, violentarme quieres?
Antonio	Que me obedezcas te advierto.
Julia	¿Tengo de morir?
Antonio	Es cierto.
Julia	¿No hay remedio?
Antonio	No le esperes.
Julia	Pues al que elige el deseo,
	si el Conde ha de ser o Andrés...
Antonio	Acaba, dime cuál es.

Julia	Es Alejandro Romeo.
Antonio	Cómplice la más atroz, ¿cómo a tu labio despeñas?
Julia	¿Si no entendiste las señas, qué culpa tiene la voz?
Antonio	Puesto que de mi consejo y mi obediencia te alejes, porque de mí no te quejes segunda elección te dejo. Y así ahora...
Julia	¡Estoy mortal!
Antonio	A que elijas te condeno, o a tu labio este veneno, o a tu pecho este puñal.

(Saca un vaso con una bebida, y pónele sobre el bufete.)

Julia	Cruel estás.
Antonio	Estoy airado; que elijas el uno espero.
Julia	Yo, ni veneno ni acero.
Guardainfante (Aparte.)	(Diga eso, y pierdo doblado.)
Antonio	Llegue el tósigo a tu labio

que mi crueldad inventó,
pues estoy bebiendo yo
el veneno de mi agravio.

Julia   Si eres quien se ha de vengar,
la muerte empieza a elegir,
que yo no quiero morir
aunque me quieras matar.

Antonio   Pues vive el cielo, traidora,
que pues en balde porfío,
ya con iras, ya con ruegos,
con amenazas y avisos;
pues son de mi deshonor
tus acciones mis indicios,
pues a un Montesco cobarde
a mi honor has preferido,
que has de morir o al veneno
o al acero; yo fui mismo
quien para matarte tuvo
el veneno prevenido.
En el manjar intentaba
disimularle, y hoy miro
que a un agravio descubierto
sobra un veneno fingido.
Estrénate en ese acero,
traidora.

Julia   Detén los filos
de tu acero y de tu enojo
ioh indignado padre mío!
Y debate una atención
quien no te debe un alivio.
Señor, si el cielo me deja

78

obrar con el albedrío,
imita a Dios, y no quieras
hacer lo que Dios no hizo.
La nube arbitria en los vientos,
y el aire diáfano y limpio
se mancha con sombras negras,
flor hay que cierra el capillo
a la noche y a la aurora
sale a lograr el rocío;
hurón de plata el cristal
roza la peña a su arbitrio,
y aunque por frágil arena
brotará al prado florido,
eligieron sus audiencias
la dificultad del risco.
El ave manda en el viento
y aunque él se oponga atrevido,
o le vence con las alas,
o te corta con el pico.
Fiera elige de su especie
la otra fiera; blanco armiño,
Símbolo de la pureza,
o no vive o vive limpio;
la palma cuaja en el prado,
gigante vegetativo,
a la vista del consorte
el embrión amarillo.

Antonio   Julia, de tu atrevimiento
tan airado estoy, que hoy libro
en tu muerte mi venganza;
ya tu deshonor he visto
en las señas de tus ojos,
de tu queja en los indicios.

Tú de un cobarde Montesco
el amor has preferido
a una fama y a un honor
que dura igual con los siglos,
y pues ya ninguno puede
de los que te han pedido
ser tu dueño, que no es bien,
cuando sin honor te miro,
poner mi fama en un riesgo,
y tu vida en un peligro;
y así hoy te libro de aquel,
pero deste no te libro.
Deste acero a este veneno
no dispensa mi castigo,
padre soy, juez quiero ser,
tú confiesas tu delito:
padre, yo te perdonara,
como juez, no lo permito;
Y así...

(Dale el veneno.)

Julia   Ya tienes remedio.

Antonio   ¿Qué remedio has elegido?

Julia   Si es delito que yo quiera
a Alejandro, a quien estimo,
dame por esposo y dueño
a Alejandro, a quien te pido,
y el delito de quererle
no viene a quedar delito.

Antonio   Y aun porque lo quieres tú,

	te quiero dar el castigo.
Julia	Siendo mi esposo, no corre tu fama y honor peligro.
Antonio	Bien dices, si yo olvidara mi odio con tu cariño. La culpa de tu elección castigaré.
Julia	Padre mío, ¿los astros no influyen todos?
Antonio	Todos influyen precisos.
Julia	¿Pues qué culpa tengo yo de lo que un astro ha influido?
Antonio	Mi honra es antes que una estrella.
Julia	Remedio hay en el peligro, yo soy mía.
Antonio	Dices bien, pero tu honor solo es mío.
Julia	Albedrío para amar me ha dado el cielo benigno.
Antonio	Y para darte la muerte también me ha dado albedrío.
Julia	Pues, Señor, si estas palabras que por los ojos destilo,

si estas lágrimas cuajadas
que pronunciar solicito,
no bastaren a embotar
de ira y pasión tus dos filos,
muera yo, pues tú lo quieres,
no al filo de tu cuchillo,
de sangre por las heridas
de mi amor corriente Nilo,
muera yo deste veneno
dilatado en parasismos:
un hondo desmayo aliente,
desmaye un aliento mismo.
Tu cuchillo no se diga
que me mató, que hoy miro
por ti, porque no se cuente
que hubo padre tan impío
que quiso matar su hija
solamente porque quiso.
Y ahora de mi obediencia
y de tu crueldad testigo,
será el cielo, Luna hermosa,
ejemplo de cielo mismo.
Llena estuvo mi fortuna,
hoy menguará, ya le imito
astro, que amor me influiste,
mi rey eres, ya te sirvo
y pues ni vale mi ruego
ni mi razón ha valido,
y con lágrimas que arrojo
con quejas que desperdicio,
ni te muevo como a anciano
ni como a padre te obligo;
por dejar a las edades
un ejemplo, quede escrito

en los mármoles y bronces,
hojas del futuro siglo,
que Julia por Alejandro
muere así.

(Bébese la bebida.)

Antonio   Tente ¿has bebido
             el veneno?

Julia   Por mis venas
             discurre mortal y frío.

Antonio   ¿Todo el tósigo bebiste?

Julia   Todo el tósigo he bebido.

Antonio   Quise amenazarte solo,
             y mi desdicha no quiso...

Julia   ¿Luego no ha sido tu intento
             matarme?

Antonio   El intento mío
             fue amenazarte no más,
             hija.

Julia   Tarde arrepentidos
             han llegado tus acentos
             a la región de mi oído,
             ¡padre!

Antonio   ¡Qué dolor!

Julia	¡Qué pena!
Antonio	Habla, hija.
Julia	En balde porfío a pronunciar mi dolor, si no es que hablen mis suspiros. Alejandro, esposo, Julia, el Conde, Andrés, mi enemigo, mi padre, Elena, mi amor; Alejandro...
Antonio	¡Ay dolor mío!
Julia	Veneno, puñal, acero, venganza, fuerza, delito, dolor, crueldad, rabia, engaño, corazón, muerte, martirio.

(Cae en el suelo.)

Antonio	¿Para qué, piadosos cielos, si nunca os hallo propicios, lograr pretendéis airados el nombre de compasivos? Para ahora se hizo el llanto, pues a un mismo tiempo miro a mi hermosa Julia muerta y mi noble honor perdido. Quise darla aquel veneno y a arrepentirme porfío; amenácela con él, y ella se tomó el castigo. Pero si es tan grande el mal

que no tiene el mal alivio,
algún remedio se busque.
¿Ha, conde Paris?

(Sale el Conde.)

Conde   Amigo.

Antonio   Cerrad la puerta.

Conde   Ya cierro.
a mis ojos martirizo
viendo desmayado el Sol.

Antonio   ¡Oh, pluguiera al cielo impío,
que fuera desmayo!

Conde   Antonio,
        ¿qué me decís?

Antonio   Lo que os digo
es, que a Julia di la muerte
por vos.

Conde   Acabad, decidlo.

Antonio   Un veneno...

Conde   ¡Qué dolor!

Antonio   En su pecho...

Conde   ¡Padre impío!

Antonio	Violento... pero no es tiempo
	de morir a los delirios
	de mi voz, solo por vos
	le dí la muerte atrevido.
	Y así por esta tribuna,
	que me ayudéis solicito
	a bajarla hasta la iglesia,
	y con sus mismos vestidos
	que no se amortaja el Sol
	cuando muere en los abismos,
	sin que ninguno lo sepa,
	puesto que ya ha sucedido,
	en una bóveda mía
	darla sepultura elijo.
Conde	¿Pues qué inconveniente hay
	para ese intento?
Antonio	Colijo
	que si Alejandro Romeo
	viene a saber que yo he sido
	quien le dio la muerte airada,
	intente con sus amigos,
	por ser más que son los nuestros,
	como airado y como fino,
	vengar de Julia la muerte.
Conde	¡Qué de yerros han nacido
	de un error!
Antonio	Quiérelo el cielo.
Conde	Vuestra ignorancia lo quiso.

86

Antonio	Quise que con vos casase.
Conde	¿No hallasteis otro camino para ello?
Antonio	Luego os diré el suceso.
Conde	¡Muerto vivo! ¡Ay mal lograda hermosura!
Antonio	Quede en tanto aquí escondido que a abrir la bóveda bajo.
Conde	Voy con vos.
Antonio	Abrid amigo, ¡no aplaque mi llanto el cielo!
Conde	¡No me dé el dolor alivio!

(Vanse y llévanla desmayada y sale Guardainfante de bajo del bufete.)

Guardainfante	El que inventó sobremesa fue hombre próvido y, limpio, ¡ay! también pienso que el viejo la ha hecho cerrada conmigo; mas la llave está en la puerta, ahora yo me determino a suplicarla se deje torcer del brazo un poquito. La cerraja ha andado fácil, abriome, y yo he presumido que la untara con veneno

si el viejo la hubiera visto.
Ahora pongo pies en calle,
que es en polvorosa; digo,
que todo lo que no es
no querer bien, es mal vicio.
¿Adonde estará mi amo?
En esta esquina imagino
que me espera, yo le llamo.
Ah, Señor.

(Sale Alejandro.)

Alejandro   Seas bien venido,
                              ¿diste el papel?

Guardainfante   Ya lo he dado
                              a Elena.

Alejandro   ¿Y Julia le ha visto?

Guardainfante   No, Señor.

Alejandro   Dime, ¿por qué?

Guardainfante   Hay grandes cosas.

Alejandro   ¿Qué ha habido?

Guardainfante   Quísola el padre casar
                              con el Conde, ella no quiso;
                              propuso a Andrés, dijo pares,
                              pues pares a los dos hizo;
                              propúsote a ti; más viendo
                              que eran tres los elegidos,

88

dijo a esta pregunta, nones;
apretola el viejecillo,
diola otra vuelta, y como ella
tenía amor, y diz que es niño,
sufrir no pudo el tormento,
y confesó su delito.
Sentenciola el padre a muerte,
rogola con mil cariños,
ella dijo, tijeretas,
y él la respondió, cuchillos.
Enmedicose a esto el padre;
sangrarla primero quiso;
más diola una purga luego,
con que vino a hacer lo mismo.
Púsose para tomarla
antojos de haberte visto
con que se vino a quedar...

Alejandro   ¿Cómo?

Guardainfante   Como un pajarito.

Alejandro   Mientes.

Guardainfante   No es mucho que mienta,
pues que también miente el vino,
que le venden por arrobas
y nos le dan por cuartillos.

Alejandro   ¿Pues cómo si Julia es muerta,
yo, que lo escucho, estoy vivo?
¿Cómo si ella les dio luz,
están estos astros fijos?
No puede ser; ven acá,

¿tú lo has visto?

Guardainfante   Yo lo he visto
por señas, que ahora la bajan
el padre y el Conde mismo,
vestida como murió,
a la bóveda, que ha sido
casa de aposento de
todos sus antecocidos.

Alejandro   No es muerta.

Guardainfante   ¿Por qué, Señor?

Alejandro   Si a dos instrumentos miro,
que igualmente estén templados,
y diestra mano ha querido
tocar uno, suena luego
el otro que está distinto.
Si estrella hermosa de Venus
sale a dar rayos divinos,
la de Júpiter a un tiempo
luce con iguales visos;
que de las dos el amor
es tanto, tanto el cariño,
que a un mismo tiempo fallecen
y a un mismo tiempo han lucido.
Yo soy instrumento, que hoy
templado como al principio
me hallo; si aquel instrumento,
que está templado a mi arbitrio,
por las dos cuerdas que ajusta
del corazón el sonido
se destemplara, también

faltara el orden del mío.
Julia es estrella de Venus,
y si del alba al aviso
o apagara o escondiera
los rayos con que ha lucido,
yo, que de Júpiter soy
astro que su luz imito,
cedería mi luz constante;
¿murió? Pues ¿cómo respiro?
¿Destemplóse el instrumento?
¿Cómo éste suena preciso?
Luego, pues arde la estrella,
luce aquel astro divino.
¿Suena este instrumento? Luego
templado está el otro y fijo;
que ni ella vivir pudiera
si yo hubiera fallecido;
ni yo, si Julia muriera
durara un instante vivo.

Guardainfante   ¿Pues qué es lo que hacer intentas?

Alejandro   Escucha el más peregrino
                     intento, y que pensar pudo
                     el valor.

Guardainfante   Acaba, dilo.

Alejandro   Pues yo a la iglesia he de entrar
                     a verla solo contigo,
                     y he de ver si muerta está.

Guardainfante   Primero me diste un pisto
                     con decir he de entrar solo,

	y se me asentó él contigo sobre la boca del miedo.
Alejandro	Pues prueba.
Guardainfante	Ya estoy ahíto.
Alejandro	Si tú me ayudas ahora, verla esta noche imagino; pero si muerta la hallare, como león al bramido dar la vida con mi voz tiernamente solicito. Siguiente: ¿en qué estás suspenso?
Guardainfante	Señor, si soy con los vivos gallina, ¿qué haré con los muertos si no más o ser lo mismo?
Alejandro	Julia, a morir en tus brazos tu Alejandro va rendido, y tú has de ver con mi muerte el más noble sacrificio.
Guardainfante	Señor, no veo bien de noche.
Alejandro	Ven conmigo.
Guardainfante	Ya te sigo.

(Vanse. Salen Andrés y Otavio, criado.)

| Andrés | Dime Otavio... |

Otavio	¿Señor?

Andrés   ¿No has entendido
que esté el coche de posta prevenido?

Otavio   ¿A la puerta del templo y a estas horas?

Andrés   Pues mi intención ignoras,
decirte quiero todo mi cuidado:
ya sabes tú que anoche hallé encerrado
a Alejandro con Julia en su aposento.

Otavio   Sé tu amor, sé también tu sentimiento
y sé lo que a tu dicha se promete:
sé que tu tío Antonio Capelete
tan mal a su palabra corresponde
que a Julia hermosa quiso dar el Conde
y habiéndotela dado a ti primero;
mas di, ¿qué intentas?

Andrés   La venganza espero
más nueva, aun con razón escarmentado,
que el amor y el ardid han inventado.
Como te dije, a dar la queja llego
a Antonio Capelete, airado y ciego;
díjele que en su casa hallaba entrada
Alejandro; dijo él que una criada
le escondió sin que Julia lo supiera,
y que intentaba dar la muerte fiera
a Esperanza, sin que esto se supiese.
Dijo que yo conficionar hiciese
un veneno tan fuerte
que no le diese plazos a la muerte
para que esta criada muera luego;

su intento apruebo, y como amante ciego,
considerando lo que ser pudiera,
comencé a discurrir desta manera;
Julia, sin duda debe de ser culpada
porque para matar a una criada
no hicieran sus pasiones
tan prudentes secretas prevenciones;
y este delito (que su ira advierte),
pide, menos castigo que una muerte.
Pues el rigor en sí es rigor ajeno
¿luego fue para Julia este veneno?
Demás (me dije a mí la ira templada)
¿qué importa que no muera una criada?
Y si llevo el veneno penetrante
aventuro la vida de mi amante;
pues aunque Julia hermosa no me quiera,
muera de celos yo, Julia no muera.
A un extranjero llamo, amigo mío,
De cuyas esperanzas me confío;
oye cuanto mi industria le propone,
y le ordeno después que conficione
tan unidos un opio y un beleño
que no den muerte pero infundan sueño.
El opio llevo a Antonio, y él airado,
que a Julia se le dio me ha asegurado.
Leonora, otra criada, y mi tercera,
dice que en esta bóveda primera
él y el Conde vestida la dejaron,
y pues los dos a un tiempo me engañaron,
entrar en este templo es mi deseo,
donde hallar viva mi esperanza creo;
y pues la noche oscura
se ha vestido el color de mi ventura,
y pues de aqueste templo tengo llave

(ya que mi amor tales industrias sabe),
que del cuarto de Antonio la he traído
(que es patrón deste templo) y yo he podido
hurtarla diligente,
desde donde pendiente
fuese blasón de la pasada historia,
la colgaba el olvido por memoria.
El vengarme ahora elijo por preciso
de Julia hermosa, porque no me quiso;
robarela, y llevándomela a España,
de un padre que me engaña,
de Alejandro y del Conde, mi enemigo,
tomaré la venganza y el castigo.

Otavio   A prevenir las postas voy primero.

Andrés   Vete, Otavio, delante.

Otavio   Allá te espero.
                ¡Qué bien así tu dicha se concierta!
                Quédate adiós.

(Vase. Saca Andrés una llave y prueba a abrir. Salen Alejandro y Guardainfante.)

Andrés   Yo pruebo a abrir la puerta.

Guardainfante   ¿Adónde vas, Señor? Dime en qué has dado,
                si el sacristán la llave te ha negado,
                y tu puerta deseada
                tanto como la noche está cerrada?
                ¿Dónde las plantas mueves tan veloces?

Alejandro   Desde este cimenterio daré voces
                a mi Julia.

Guardainfante	Señor, habla más quedo.
Andrés	Entró la llave, pero abrir no puedo, si acaso por de dentro está cerrado...
Guardainfante	Junto a la puerta un hombre está parado. Escóndete y espera.

(Salen Antonio y el conde con luz por el otro cabo.)

Antonio	Muera Alejandro, amigo.
Conde	Muera, muera.
Antonio	Junto a esta esquina dice que parado esta noche le ha visto mi criado.
Andrés	Mucha gente con luces ha venido y yo sacar la llave no he podido.
Antonio	Un bulto veo.
Conde	Llégate.
Andrés	Aquí espero, que han de reconocerme considero; déjola, que volver luego imagino.

(Deja la llave puesta Andrés en la cerradura.)

Antonio	¿Quién va?
Andrés	Andrés Capelete.

Antonio	Pues, sobrino, ¿qué hacéis aquí?
Andrés	Un grande amigo espero, que me ha dejado aquí.
Antonio	Esto es primero; venid conmigo.
Andrés	Estoy aquí ocupado.
Antonio	Seguidme, pues sois parte en mi cuidado.
Andrés	Un amigo a quien debo honor y fama necesita de mí.
Antonio	También os llama a empeño más honroso quien es más que un amigo.
Andrés (Aparte.)	(Ya es forzoso irme con él; si resistirme intento quizá conocerá mi pensamiento.)
Antonio	¿No venís?
Andrés (Aparte.)	(¡Oh dolor que en mí no cabe!) En la cerraja me dejé la llave, y perder temo esta ocasión, supuesto que no sé si podré venir tan presto.
Antonio	¿Qué esperáis?

Andrés	Voy con vos: ¿a dónde vamos?
Conde	A Alejandro buscamos.
Antonio	La justa muerte espere.
Andrés	Volveré lo más presto que pudiere.
Antonio	Sígueme.
Andrés	Voy contigo.
Antonio	¡Oh venganza!
Conde	¡Oh dolor!
Andrés	¡Oh hado enemigo! Vamos, Antonio
Antonio	Mi valor te espera.
Andrés	¿A dónde vas?
Antonio	A que Alejandro muera.

(Vanse.)

Alejandro	¿Fuéronse?
Guardainfante	Sí, ya se fueron.
Alejandro	Pues lleguemos a la puerta a ver si acaso... ¿Qué es esto? En la cerradura puesta

está una llave.

Guardainfante   Es verdad,
y es la llave de la iglesia.

Alejandro   ¿Quién la habrá dejado aquí?

Guardainfante   No sé.

Alejandro   Guardainfante prueba
a torcer la llave ahora.

Guardainfante   Señor, no puedo torcerla

(Tuerce la llave.)

que está echa un Faraón.

Alejandro   Toma esta llave y con ella
podrás con facilidad
abrir.

(Dale otra y métele por el ojo de la cerradura y abre.)

Guardainfante   Eso es mejor, venga.

Alejandro   ¿Abriose la puerta?

Guardainfante   Sí.

Alejandro   Pues entremos a la iglesia.

Guardainfante   Oyes, éntrate tú solo,
que yo te aguardo acá afuera.

Alejandro	¿Y quién ha de alzar la losa si no puedo solo?
Guardainfante	Prueba hasta ver si alzarla puedes; y como fuerza no tengas, aquí estoy yo, ven por mí que iré a ayudarte por fuerza. ¿Quién pondría aquí aquesta llave?
Alejandro	Deja el miedo, acaba.
Guardainfante	Entra tú delante, ya te sigo.

(Van entrando.)

¿Sabes el Requiem æternam?

Alejandro	Sí.
Guardainfante	¿Y el memento meí Deus? ¿Cerraré la puerta?
Alejandro	Cierra; y esa vela que compraste a aquella lámpara llega, y enciéndela, Guardainfante.
Guardainfante	¡Que quieras con una vela de aqueste sebo maldito vaya a alumbrar una muerta!

Alejandro	De cera amarilla habías, ignorante, de traerla.
Guardainfante	¿Oyes? Busca tú el pabilo, que no te faltará cera.
Alejandro	¿Entiendes?
Guardainfante	Ya voy, Señor.

(Va a encender.)

Alejandro	¡Ay mi Julia! ¡Quién pudiera darte una vida! Mas ya un alma en decente ofrenda a sacrificarte vengo.

(Sale con luz.)

Guardainfante	Deo gratias.
Alejandro	Amigo, llega, y la bóveda busquemos.

(Lee en el suelo.)

Guardainfante	«Aquí yace (dice en esta) Bartolomé de la Escala, Señor de Verona.»
Alejandro	Deja esa y pasemos a otra.
Guardainfante	Lleve el demonio la muerta.

«Aquí reposa el muy noble
Luis Capelete», topela.

Alejandro   Pues tira de la sortija:
                 como está recién abierta
                 es muy fácil levantarla.

(Abre la bóveda.)

Guardainfante   Ya abrí; tomo mi caldera
                 y mi hisopo: Señor, tú
                 allá te lo hayas con ella:
                 escalera hay puesta, baja.

Alejandro   Guardainfante, aquí me espera.

Guardainfante   Señor, ¿tú no eres Montesco?

Alejandro   Sí lo soy.

Guardainfante   Pues considera
                 que de airados Capeletes
                 está la bóveda llena;
                 y si bajas solo te han
                 de poner que sea vergüenza.
                 Yo he de bajar a tu lado.

Alejandro   ¿Posible es que miedo tengas?

(Véela Alejandro.)

Guardainfante   El miedo me tiene a mí;
                 Señor, ¿a escuras me dejas?
                 Dios me perdone, esto es hecho,

en fin, morí (Dios me tenga
en su gloria); sí yo soy
el que hablo; mas si yo fuera,
ya me hubiera puesto yo
de dos trancos a la puerta.

Alejandro   ¡Ha, Guardainfante!

Guardainfante   ¿Qué quieres?

Alejandro   Baja.

Guardainfante   ¿Quieres tú que quepa
un Guardainfante tan ancho
por entrada tan estrecha?

Alejandro   Pues ayúdame a subir
a mi Julia.

Guardainfante   Enhorabuena.

Alejandro   Toma la luz.

Guardainfante   Ya la tomo.

Alejandro   Guardainfante vaya.

Guardainfante   Venga.

(Súbenla entre los dos desmayada.)

               ¡Qué pesados son los muertos!
Por eso solo pudiera
no morirse una persona;

Señor mío, sube apriesa,
que está la muerte muy junto
y pienso que se me pega.

Alejandro   De aqueste confesionario
quito esta silla, y en ella
la puedes sentar.

Guardainfante   Bien dices.

(Siéntala.)

Alejandro   Cierra la bóveda.

Guardainfante   Ea.

(Cierra.)

Alejandro   Julia, mi prolija suerte
tu ruina infelice llora,
que no quiere quien no adora
hasta después de la muerte;
muerta imaginaba verte;
pero tu hermosura es tal,
que en ti me da ejemplo igual
la exhalación que corrió,
que de la luz que logró
dejó impresa la señal.
El Sol hermoso murió
en agua salada y fría,
pues aún no ha aspirado el día,
aunque planeta espiró;
un crepúsculo dejó,
aunque no de luz tan pura,

igual ejemplo asegura
verte a ti Sol eclipsado,
que en crepúsculo has dejado
el día de tu hermosura.
Pavesa hermosa, que admiro
no arder y no fallecer:
¡oh quién pudiera volver
a esconderte de un suspiro!
Mas si amor es fuego y miro
que el fuego no aprovechó
con ser fuego ardiente yo,
¿cómo he de poder violento
darte llama con el viento
si el fuego no te la dio?
Yo vi escrita tu luz pura,
borró la muerte indignada,
¿qué importa que estés borrada,
si se lee tu hermosura?
Dime, aquesta enigma oscura
por lauro tuyo o por palma,
di (de mis sentidos calma),
¿cómo están con perfección,
con un alma cada acción,
si todas están sin alma?
O es que lo hace mi pasión
que imposibles fingirá,
(Tiéntala el pecho.)   o con las alas está
latiendo tu corazón;
¿sueño? Si no es ilusión,
porque el tacto no ha mentido,
que tu corazón ha sido
como reloj concertado,
que después de haber sonado
se queda con el ruido.

Guardainfante	Locos he visto, y ninguno he visto con esta tema; Señor, solo hay un remedio para que viva la veas.
Alejandro	¿Qué es?
Guardainfante	Que yo la resucite.
Alejandro	¡Vive Dios!
Guardainfante	Yo hablo de veras; mira, yo estoy hecho un santo desde que ha que entré en la Iglesia, y ver quiero si hacer puedo este milagro con ella.
Alejandro	¿Qué intentas?
Guardainfante	Resucitarla.
Alejandro	¡Qué así mi dolor diviertas!
Guardainfante	Cuando no te la dé viva, no te la daré más muerta.
Alejandro	¿Qué has de decirla?
Guardainfante	Oye atento ¡Ha, señora Julicita!
Alejandro	Habla quedo.

Guardainfante	Aun plegue a Dios
	que me oiga desta manera.
	Hisopo, por la virtud
	que Dios te ha dado...

(Échala agua.)

Alejandro	¡Hay tal bestia!

Guardainfante	Que resucites a Julia.
	Señora, un coche te espera
	(mujer que no vuelve a coche,
	no hayas miedo tú que vuelva).
	¿Ves que no la resucito?
	Pues por Dios que es la postrera
	que yo no he resucitado.
	Desta va.

Alejandro	¡Hay tema más necia!

Guardainfante	¡Ha, Julia! ¡Ha, Julia!

(Dale en la cara con el agua del hisopo, y vuelve en sí.)

Julia	¿Quién llama?

Alejandro	¡Qué miro!

Guardainfante	Hémosla hecho buena

Julia	¡Ah, Alejandro!

Alejandro	¡Ah, Julia mía!

Julia	¡Mi esposo!
Alejandro	¡Mi dulce prenda! ¡Qué! ¿estás viva?
Julia	¿No lo ves? ¡Guardainfante!
Guardainfante	Guardafuera: Julia, yo te mando misas.
Julia	¿Cómo aquí desta manera?
Alejandro	¿Dónde he de estar sino aquí?
Julia	¿Cómo estaba yo en la iglesia?
Alejandro	Eso después lo sabrás.
Julia	¡Feliz suerte!
Alejandro	Y la primera.
Guardainfante	Digo que tienen los hombres dos mil virtudes secretas. ¡Válgame Dios! ¿Si soy santo, y no pensé que lo era?
Alejandro	Tu puedes irte delante para que el coche prevengas.
Guardainfante	Pues yo voy, quedad con Dios.

(Vase.)

Alejandro	¡Grande amor!
Julia	¡Feliz estrella! Por tuya mi vida estimo.
Alejandro	Esposa, tiempo nos queda; vente conmigo y los dos entre la oscura tiniebla iremos hasta la puente donde el coche nos espera.
Julia	Ya sé cómo se hallan glorias.
Alejandro	¿Cómo?
Julia	Buscando las penas.

(Vanse. Sale Elena con capa y sombrero.)

Elena	Aquí me dice el papel que le he de hallar, y así es fuerza (pues que la noche me ampara) no apartarme de la iglesia.

(Arrímase a la iglesia. Sale Andrés.)

Andrés	A Antonio dejé en su casa, y vengo a ver si pudiera entrar, pues en el postigo me dejé la llave puesta. Llegar quiero.
Elena	Un hombre miro.

Andrés	Un hombre junto a la puerta he visto... mas ¿qué recelo? Llégome, quien fuere sea.
Elena (Aparte.)	(Sin duda que es Alejandro.)
Andrés	O miente la noche negra, o del templo sale gente.

(Sale Alejandro y Julia asida de su capa.)

Elena (Aparte.)	(Gente sale de la iglesia.)
Alejandro	Asete de mí, Señora.
Elena (Aparte.)	(La voz de mi hermano es ésta, voy con él, que me habrá visto.)
Alejandro	¿Síguesme?
Julia	Sí.
Alejandro	No te pierdas.
Julia	Tropecé ¡valgame el cielo!

(Tropieza Julia, suelta la capa de Alejandro, a este tiempo Elena ásese de Alejandro, atraviésase Andrés y ásese Julia de Andrés, pensando que es Alejandro.)

Andrés (Aparte.)	(O fingís, sombras, la idea, o he visto salir tres hombres.) Llégome.

110

Julia	Señor, espera, que tropecé.
Alejandro	Ven conmigo.
Julia	¿Adónde dices que espera el coche?
Andrés (Aparte.)	(¿Qué es lo que escucho?) la voz de mi Julia es ésta; callar quiero.
Alejandro	¿No andas?
Elena	Sí.
Julia	Esposo, ¿dónde me llevas?
Andrés (Aparte.)	(¿Esposo, dijo? ¿Qué es esto?)
Alejandro	¡Que llevo mi hermosa prenda!
Julia (Aparte.)	(Seamos amigos, fortuna.)
Alejandro (Aparte.)	(Fortuna para tu rueda.)

(Vanse por una puerta Alejandro con Elena, y por otra Andrés con Julia, asidas de las capas, con que se da fin a la segunda jornada.)

Fin de la segunda jornada

Jornada tercera

(Sale Elena con capa y sombrero, asida de la capa de Alejandro, como acaba
en la segunda jornada.)

Alejandro	¿No me hablas, Julia mía? Pues ya en tu luz quiere encenderse el día, pues la sombra a mis ojos ha impedido, deja que me aproveche del oído.
Elena (Aparte.)	(Que soy Julia presume, callar quiero.)
Alejandro	No muera a tu silencio, ya que muero, o es que a tu labio tu dolor no acierta.
Elena (Aparte.)	(No debe de saber que Julia es muerta.)
Alejandro	O con mudos enojos hablas con el idioma de los ojos. No tu silencio por desconsolarme...
Elena (Aparte.)	(No le he de dar el susto de escucharme.)
Alejandro	Quiera hacerme este agravio; permite el uso de la voz al labio, no el silencio enemigo.
Elena (Aparte.)	(¿Si habló con Julia cuándo hablo conmigo?)
Alejandro	De mis verdades nunca satisfecho te hiele las palabras en el pecho. Si lloras, Julia, entre silencio tanto enjuguen mis suspiros a tu llanto.

Elena (Aparte.)	(¿Cómo será su pena?)
	No le quiero decir que soy Elena.
Alejandro	Móvil grande, que riges mi albedrío,
	¿Cómo no hablas?
Julia (Dentro.)	Alejandro mío.
Alejandro	El eco con tu voz me ha lisonjeado,
	¿cómo él te oyó, si yo no te he escuchado?
	Pero sin duda quiere poco atento
	regalarse mi oído con el viento.
Elena	La voz de Julia mi temor despierta:
	¿qué escucho, cielos?¿Yo no la vi muerta?
	Huye, huye, sombra fría:
	¡Oh si esta enigma descifrara el día!
Alejandro	Habla, Julia hermosa.
Elena	Oye.
Alejandro	¡Qué pena,
	Julia!
Elena	Julia no soy.
	¿Pues quién?
Elena	Elena.
Alejandro	¡Tú, Elena! ¿Cómo aquí? Tarde me templo.
Elena	Junto a la puerta te esperé del templo
	como el papel decía.

114

Alejandro	El papel a mi Julia le escribía.
	Pero ¿cómo tras mí desta manera?
Elena	¿No me dijiste tú que te siguiera?
Alejandro	¿Luego contigo hablaba?
Elena	Conmigo, que a la puerta te esperaba.
Alejandro	¿Julia no me siguió?
Elena	No te ha seguido.
Alejandro	Julia por ti se fue.
Elena	Tú la has perdido.
Alejandro	Pues me amparaste y me vendiste ahora,
	yo te conoceré, noche traidora;
	mas ya que desta suerte
	llegó el último plazo de mi muerte,
	por que en decente sacrificio muera,
	voy a buscarte, Julia mía.

(Vase. Sale Carlos y le detiene.)

Carlos	Espera.
Alejandro	Carlos, ¿cómo aquí has venido?
Carlos	Como amigo diligente
	desde ayer tarde te busco;
	pero ya quiso mi suerte

que te halle.

Alejandro   Sígueme ahora.

Carlos   No puede ser.

Alejandro   Pues ¿qué quieres?

Carlos   Quiero que sepas, amigo...

Alejandro   ¿Qué es?

Carlos   Que Antonio Capelete
                en este monte te busca;
                y para darte la muerte
                con sus deudos y parciales
                (airados como impacientes),
                no dejan rama en el monte
                a quien la ira dispense
                de su acero siempre airado;
                gruta escondida silvestre
                no quedó en esa montaña,
                que el secreto no revele
                de las sombras; alto risco
                que examinar no se deje
                del cuidado; estancia oscura
                que el indicio no penetre.
                Capitán de sus parciales,
                en venganza suya, quiere
                de nuestra corriente sangre
                tanta reliquia sorberse.
                Y como ayer me contaste
                que prevenido en el puente
                del Adige, undoso río,

116

un coche de posta tienes
para robarla a tu Julia,
por ver si hallarle pudiese
por el monte, a tanto riesgo
airado, como valiente
vengo a buscarte yo ahora;
por aquella senda puedes
salir hasta la ciudad,
donde prevenidos tienes
dos mil parciales que al orden
que tu ira y mi amor les diere,
harán que en venganza tuya
Verona y Venecia tiemblen.
La voz de Italia en el monte
a las peñas enternece;
pero reserva tu vida
para que vengarla intentes.
Ya de su padre en la ira
peligrará tarde, cree
que has de cobrarlos si hoy
con ira y valor prudentes
no das plazo a la venganza,
si la venganza apeteces.
Tu amigo soy, y a tu lado
siempre fino y leal siempre
has de hallar en paz y en guerra
un amor que te aconseje,
una espada que te ayude,
y un voto que te refrene,
porque muriendo a tu lado,
y en tu venganza, confieses
que me debes un amor
y que una vida me debes.

Alejandro	¿Cómo saben donde estoy?
Carlos	Como tienen mucha gente emboscada, y con Elena te vieron bajar.
Alejandro	¿Y creen que es Elena?
Carlos	Eso imaginan; si librar tu vida quieres, huye por aquí.
Alejandro	Bien dices; por esa montaña verde cuya hermosa rica cumbre les ha servido de copete, podremos ir a Verona; seguidme los dos.

(Al entrarse sale Guardainfante y detiénelos.)

Guardainfante	Detente, que con fustibus et armis el conde Paris valiente anda a caza de Montescos con cuatrocientos lebreles. Repartidos él y Antonio por dos partes diferentes, no dejan copado roble cuyo hueco no penetren por ver si del roble cano eres recatado huésped. Y para que ahora sepas

de tu desdicha y tu suerte,
que por donde andan los males
suelen caminar los bienes,
sabrás que cuando me enviaste
a prevenir diligente
el coche de posta en que
con tu hermosa Julia huyeses,
con postas otro criado
estaba en el mismo puente,
esperando que llegase
con Julia Andrés Capelete.
Llegó Julia y llegó Andrés
y ella, fina como siempre,
le dijo: «Alejandro mío,
tuya soy»; cuando el aleve
de Andresillo la responde:
«Julia, aunque mover intentes
a los cielos con tus voces,
los cielos no han de valerte.
Andrés soy y no Alejandro;
si el freno de amor entiendes,
sube en este potro rucio
del Alcaide de los Vélez;
yo soy quien más te ha querido,
tú eres la que más me debes,
pues dame cuenta con pago,
pues que llegó el plazo y puedes.»
Procuró ablandarla a ruegos,
respondiole con desdenes:
ella dijo hache que hache,
Andresillo, erre que erre.
Él deste amor enfermizo,
ella de tu amor doliente,
como era casi de día

y amor en ayunas tienen
para cortar de una vez
cóleras de amor crueles,
Andrés lloró letuario
y Julia lloró aguardiente.
Violencia quiso Andresillo,
dijo ella: «Andresillo, tente».
Y él respondió: «Los Tarquinos
son chanza donde hay Andreses».
Pero yo que desde el coche
la veo resistirse fuerte,
y que aunque él sabe obligarla
ella sabe defenderse,
no acordándome que hay vida,
bien que temí que había muerte,
saco en el coche la espada,
calo el sombrero, enzaineme.
Echo una cortina más,
porque ninguno me viese;
arrójome, y como estaba
tan airado y tan valiente,
y ser valiente es ser cuerdo,
de muy valiente templeme.
Andaban Julia y Andrés
en sus dimes y diretes,
cuando hétele aquí a su padre,
y al conde Paris hetele,
dando voces uno y otro;
Andrés que los oye y siente
ardiendo en ira buscaba
entre lo rojo lo verde.
Fuese huyendo, y Julia entonces
huyendo hacia el monte fuese;
llegose al coche el tal Conde,

dijo: «¿Cuyo coche es éste?».
—De Alejandro —respondió
el cochero impertinente;
cascárenle treinta palos
repartidos en dos veces,
los diez por ser tu criado
y por cochero los veinte.
Escapé, viéronme huir,
díjome el conde Holofernes;
«Oíd, esperad, vinagre»;
y yo le respondí: «aceite».
Corrí, en fin, como yo suelo;
oí tu voz y llegueme;
ahora, Señor, te aviso,
que deste riesgo evidente
huyas, si no es que de celos
te vas a morir adrede.
Julia da en el monte voces,
y antes que a ayudarla llegues,
ha de encontrar a su padre,
no quieras tú que te encuentre.
Por dos diferentes partes
te cercan; huye, si puedes,
que más vale en este mundo
(si a ser buen cristiano atiendes)
un año solo de vida
que de buena fama veinte.
Ya nos...

Alejandro   Calla, que aunque ahora
me obligues y me aconsejes
a que huya, a buscar a Julia,
pues el Sol luces me ofrece,
he de ir.

Carlos	Eso no es quererla;
	porque si vengarte puedes
	y cobrarla, ¿airado y ciego,
	quieres perderla y perderte?
Guardainfante	Ven, que puede ser hallarla.
Elena	Mira, Señor, que te pierdes.
Guardainfante	Amigos hay convocados.
Carlos	Verona ayudarte quiere.
Elena	No te entres más en el riesgo.
Alejandro	Pues ya que mi estrella ordene
	que os obedezca, tú, Carlos,
	te adelanta, pues ver pueden
	que vamos juntos; tú sigue
	sus pasos secretamente;
	tú cerca de mí podrás
	ir delante.
Carlos	A obedecerte
	como amigo me adelanto.
Elena	Y yo voy a obedecerte.
Guardainfante	Yo seguiré tus estampas.
Alejandro	¡Qué leal!
Carlos	Tu amigo siempre.

122

Alejandro	¡Qué fino!
Guardainfante	Soy buen criado.
Alejandro	¡Grande amor!
Elena	Tú le mereces.
Carlos	Déjeme el cielo ayudarte.
Guardainfante	Servirte el cielo me deje.
Elena	Deme mi estrella fortuna.
Alejandro	¡Astros para mí crueles,
	o dadme vida con Julia,
	o dadme sin ella muerte!

(Vanse. Sale Julia.)

Julia   Escapeme de Andrés, perdí a mi esposo,
y mi padre le busca riguroso;
allí el conde Paris con más recelos,
Caudillo valeroso de sus celos,
alcanzarle procura,
y yo por la espesura
de aquellas ramas encubrirme espero.
¡Oh para cuándo el hado lisonjero
me guarda una fortuna!
O es que me muevo al orden de la Luna.
Plantas, que ahora logro su menguante,
huirme por aquí será importante,
pues que ya el cielo ordena...

Antonio (Dentro.)	A Alejandro buscad.
Conde (Dentro.)	Buscad a Elena.
Julia	¿Por dónde podré huir? ¡Cielos! ¿por dónde? Allí mi padre, y a esta parte el Conde. El uno a Elena, y otro al dueño mío solicitan, y yo sin albedrío sigo esta senda incierta: mi padre y él presumen que soy muerta; y si me hallan, morir será forzoso con un padre indignado y sin esposo. Ya no se oye su voz, pues sin recelo por aquí voy a entrar.

(Al entrarse, sale Antonio, su padre.)

Antonio	¡Válgame el cielo!

(Espántase Antonio.)

Julia	Topé a mi padre: ¡oh infeliz suerte!
Antonio	Julia, seña divina de la muerte, ¿cómo a buscarme, a mi sombra mentida, vienes con las verdades de la vida? Aparente verdad...
Julia (Aparte.)	(Él se ha turbado.)
Antonio	Tú misma a ti la muerte te has buscado; no tuve culpa yo, y decirle puedo...
Julia (Aparte.)	(Yo quiero aprovecharme de su miedo;

y pues sombra me nombra,
huyendo parecer quiero mi sombra,
y será esta fortuna la primera
por aquí he de salir.)

(Al entrar sale el conde Paris.)

Conde	Elena, espera.
	¡No es Elena, que es Julia, vive el cielo!
Julia (Aparte.)	(Di con el Conde. ¡Enigma soy de hielo!)
Antonio	Conde amigo.
Conde	Amigo Antonio,
	decid cómo...
Antonio	¡Estoy mortal!
Conde	¿Vos con Julia?
Antonio	¡Grave pena!
Conde	¿En esta espesura estáis?
Antonio	No es Julia, aunque veis a Julia;
	pues que vos sabéis...
Conde	Hablad.
Antonio	Que en la bóveda esta noche
	los dos...
Conde	¡Obstinado mal!

Antonio	La dejamos sepultada.
Julia (Aparte.)	(Fortuna, ¿en qué has de parar?)
Conde	Pues si no es Julia, decidme, ¿quién es?
Antonio	Un ente no más, que la vista, como fácil, ha podido fabricar con la ilusión de los ojos.
Conde	Lo que vos decís será; pero ¿vos no veis a Julia?
Antonio	Yo la miro.
Conde	¿Y no es verdad que yo la veo también?
Antonio	¿Vos decís que la miráis?
Conde	Pues mi vista como fácil bien pudiera flaquear, y de un ente de razón hacer un ente real: ¿pero dos vistas a un tiempo cómo de una cosa igual pueden hacer dos efectos distintos en un obrar? Dos las vemos: luego es Julia verdadera y no mental, porque la vista no puedes

como sentido eficaz,
engañar a dos a un tiempo
aunque a uno puede engañar.
si el sentido de la vista
suele tal vez peligrar,
usemos del tacto ahora,
que el tacto no faltará.
Y este sentido responda
aquella dificultad
del otro mejor sentido
pues lleguemos.

Antonio   Bien habláis.

Conde   Pues ¿a qué aguardo?

Antonio   ¿Qué espero?

Julia   ¡Antonio! ¡Conde! mirad
              Que...

Conde   A aprovechar un sentido
              amante quise llegar,
              y vista, tacto y oído
              he venido a aprovechar.

Antonio   ¿Cómo di, traidora hija,
              cómo, ingrata a mi verdad,
              en este monte perdida,
              en esta montaña estás?
              ¿Quién aquí te ha conducido?
              ¿Quién, di, te pudo sacar
              del sepulcro, donde fuiste
              lástima y ejemplo ya?

	Dime, pues, responde ¿cómo?
Julia	Dejadme, y no me aflijáis, que yo no sé más de mí de saber solo que hay en esos cielos hermosos castigo, pero hay piedad.
Antonio	¿Cómo estás aquí?
Julia	No sé
Conde	Dime.
Julia	Después lo sabrás.
Conde	Yo no tengo que saber, pues solo a fin de engañar un deseo, fuiste tú el que supo desleal con un veneno mentido su muerte disimular; tú, por dársela a Alejandro, por hacer con él la paz (que ha días que tu cordura, o tu temor deseará) fingiste su muerte, y...
Antonio	Calla, no me digas más, porque antes que a un vil Montesco la mano llegase a dar, a su corazón infame diera otra vez el puñal; no ha de ser otro que tú,

o el orden ha de faltar
del cielo, quien de sus rayos
la luz logre celestial,
o de su alevosa sangre...

Julia   Pues empieza a derramar
ya que una vez no pudiste
de mis venas el raudal,
yo amante como primero,
yo constante y firme más,
de Alejandro, de mi esposo
llama seré perspicaz
en que él se pruebe a encender
Y no se llegue a abrasar;
erró el veneno, y su efecto
fue de un letargo eficaz,
breve efímera de un sueño
que apenas cumplió la edad
de un día, y fue la primera
desdicha de cuantas han
introducídose a eternas
dentro de un alma inmortal,
que no se cuente por siglos,
sino por horas no más.
Vuelve, pues, menos piadoso
segunda vez a empuñar
tu cuchillo.

Antonio   Bien me dices.

Julia   O, pues mi pecho es imán
de mis yerros, y es tu acero
bruto y grosero metal,
yo le atraeré por efecto

para que los dos creáis
que es accidental mi muerte
siendo muerte natural.
Y ahora...

Antonio   Cierra los labios,
hija ingrata, porque ya

(Hace que la quiere dar.)

mi castigo a tu gran culpa
más plazos no quiere dar:
y así...

Conde   Detén el acero,
Antonio, que aunque es verdad
que no es de mi amor decente
Julia sujeto capaz,
con todo, porque la quiero,
la muerte no le has le dar;
ella a mí no me ha engañado,
yo no la puedo obligar
que borre del pecho suyo
lo que impreso en él está.
No sabe lo que es querer
el que intenta violentar
a quien ama a otro sujeto;
yo sí, que adoro, sé ya
cuan difícil será en mí
este carácter borrar.
Demás que si para propia
procuraba su deidad,
no fuera yo ser honrado,
si en tálamo conyugal

quisiera yo a quien yo sé
que quiere a otro amante más;
y aunque esto no padeciera
una gran dificultad,
¿quién logra mujer, sabiendo
que pretende otro galán?
No es amante aquel amante,
que atiende solo a lograr
igual lado, igual cariño,
noble fe y fineza igual.
El que quiere, cuando sabe
que le aborrecen, querrá
no para querer, que quiere
no más de para alcanzar.
Y así, cuando dos procuran
premio uno, otro lealtad,
el que quiere ser querido
es solo el que quiere más.
Pues si yo adoro a tu Julia
con fineza y con verdad,
y sé yo que me aborrece,
¿para qué me he de empeñar
en saber amarla bien,
si me ha de pagar tan mal?

Julia   ¿Luego tú ya me aborreces?

Conde   No, Julia; pero estoy tal,
               que procuro aborrecerte
               cruel has sido, y días hay.

Julia   Pues yo soy tan desdichada,
               que pienso que no podrás.

Antonio	Pues si tú la das la vida
	y yo la procuro dar
	la muerte que ya ha merecido,
	oye este arbitrio, y verás
	cómo sin darla la muerte
	la doy muerte.
Conde	Acabad ya.
Antonio	En ese hermoso castillo
	que en forma piramidal
	con las nubes en el cielo
	logra oscura vecindad,
	que de nuestros Capeletes
	defensa heroica será,
	en prolijar prisión quiero,
	y en profunda oscuridad
	que aun de los rayos del día
	no logre la luz solar.
	No el alimento le falte,
	muera al cuchillo fatal
	de los días, de la muerte
	de los años el afán.
	Cuchillo es también el tiempo,
	aunque afilado no está,
	crean todos que ya es muerta;
	yo fingiré que al entrar
	en el castillo otra vez
	la di muerte y tú serás
	quien solo de este secreto
	ha de saber la verdad.
	Y así...
Conde	Cajas en el monte

	ocupan la raridad
	de los vientos.

Antonio	Y a esta parte
	por ese rubio arenal
	descender un hombre veo.
	Andrés es: llégate acá,
	que aquí estamos.

| Julia (Aparte.) | (¡Oh traidor!) |

| Antonio | Andrés. |

| Julia (Aparte.) | (¡Cielos, qué será!) |

(Sale Andrés.)

Andrés	¿Qué hacéis en esta montaña,
	cuando toda la ciudad
	en nuestra busca desciende?
	Por caudillo y capitán
	airado Alejandro baja
	con dos mil hombres, que ya
	de los enemigos nuestros
	siguen la parcialidad.
	Embistamos sus escuadras,
	no aguardemos a lidiar
	cuando sea el valor menos
	por ser la ruina más.
	Mirad que están ya muy cerca
	de nuestra gente, y mirad
	que para el triunfo o la muerte
	el plazo llegó fatal.
	Pues embistamos.

Conde	Bien dices.
Antonio	Primero intento guardar a Julia en nuestro castillo. Voy delante.
Andrés	Bien harás, que Elena también en él prisionera nuestra es ya.
Conde	Pues en ella, vive el cielo, la venganza he de tomar.
Antonio	Ven conmigo.
Julia	¡Qué infeliz!
Antonio	Fingiré que con crueldad la doy muerte.
Julia (Aparte.)	(¡Ay, Alejandro, quién te pudiera ayudar!)
Conde	Pues está cerca el castillo, vuelve presto.
Julia (Aparte.)	(¡Estoy mortal!)
Antonio	Luego bajaré a ayudaros.
Conde	Pues, Andrés, id a juntar vuestra gente.

Andrés	Y vos la vuestra podéis ir a acaudillar.
Conde	De la espesura del monte me aprovecharé.
Antonio	Hoy verán los Montescos el valor que en nuestros alientos hay.
Andrés	Muriendo Alejandro, espero ser de Julia.
Conde	Hoy morirá Alejandro, y a mi Julia gozaré en serena paz.
Andrés	Pues ea, Conde, a embestir.
Conde	Pues ea, Andrés, a lidiar.
Andrés	Celos llevo, vencerelos.
Conde	Es querido, él vencerá.

(Vanse. Salen Alejandro, Carlos y Guardainfante.)

Alejandro	¿Tomaste los puentes?
Carlos	Sí; ya con ducientos soldados los puentes están tomados; di, ¿qué intentas?

135

Alejandro	¡Ay de mí!
Carlos	Témplate, y cordura ten.
Alejandro	¿Cómo templaré mi pena, si tú perdiste a mi Elena, y a Julia perdí también? ¿Cómo, di, se te perdió mi hermana? ¡Ay desdicha mía!
Carlos	Yo entendí que me seguía, y en el monte se quedó.
Guardainfante	Pues victoria te prometes, oh valeroso caudillo. Lleguemos a este castillo, fuerza de los Capeletes, donde estará aprisionada tu Julia, si no está muerta, y si está la puerta abierta la puedes hacer cerrada.
Alejandro	¿Su castillo que podría ofenderme?
Carlos	Eso he pensado.
Guardainfante	No hay que temer, que han bajado al monte la artillería. Ya llegamos, y ya estoy resuelto a morir, sí, ahora.
Antonio (Dentro.)	Desta manera, traidora, has de morir.

136

Julia (Dentro.)	Muerta soy.
Alejandro	¡Que nunca mi oído acierte a escuchar por más veloz entre tantas una voz que no sea de la muerte! Y esta que ahora escuché no dejará de ser cierta.
Antonio (Dentro.)	Capeletes, Julia es muerta, yo soy quien la maté. Muerta es, que mi suerte esquiva la da la muerte que veis.
Alejandro	Capeletes, ¿no diréis cuándo Julia estuvo viva? Mas si también ha logrado su airado cuchillo fiero, romper este muro quiero.
Guardainfante	Señor, al arma han tocado.
Alejandro	Un mal quieres influir, astro; mas ¿cómo has de obrar si nunca tienes lugar para poderle seguir?
Carlos	Acaba.
Alejandro	¡Qué infeliz soy! Carlos sal a recibir al Conde.

| Carlos | Voite a servir. |

| Alejandro | ¿Y por dónde vas? |

| Carlos | Ya voy |

por esta parte.

| Alejandro | Pues arda |

en incendios mi dolor.
Y tú ¿vienes?

(Vanse Carlos y Alejandro.)

| Guardainfante | Sí, Señor, |

yo quedo en la retaguardia.
Ea, mi temor aliente,
a mi amo voy a ayudar;
vive Dios que he de probar
a qué sabe el ser valiente.
Ea, no hay que resistirlo,
ni hay tampoco que temer,
valentonazo he de ser,
que esto no es más de decirlo.
Pero de la torre infiero
que Antonio el viejo salió
con seis soldados, pues yo
ahora estrenarme quiero.
¿Por qué a todo Capelete
no embisto? Acometo, pues,
porque me llamen despúes
el Montesco matasiete.
Yo me arrojo; mas ve aquí
que con valor, con ahínco,
de los seis mato los cinco,

y el otro me mata a mí.
Dirá mi amo al instante:
—Cinco mató: ¡extraño brío!
dirá otro: «Señor mío,
no los mató Guardainfante».
—Pues ¿quién? —mi amo replicó.
—¿Quién, Señor? yo estoy muy cierto,
que después que estaba muerto,
otro llegó y los mató.
¡Oh guerrilla! tal por cual,
aquesto hay en ti también
yo he de morirme muy bien,
y lo han de contar muy mal.
No iré allá de buena gana
aunque el demonio me aburra.

Antonio (Dentro.)	Traed preso a Carlos.
Guardainfante	Zurra.
Antonio	O dadle muerte.
Guardainfante	Badana.

Esconderme he imaginado
en esta verde enramada,
porque hacer una emboscada
quiero, como gran soldado.

(Escóndese, y sale Antonio y otros soldados acuchillando a Carlos.)

Antonio	Ríndete o has de morir, Carlos.
Guardainfante	Córtolos; ¿qué espero?

Carlos	Primero que no el acero, la vida os he de rendir.
Antonio	Pues sea de esta manera.

(Abrázanse dél.)

Carlos	Asido me habéis.
Guardainfante	¡Traición! Mas yo saldré a la ocasión.
Soldados	Morirás, Carlos.
Antonio	No muera.
Carlos	Dejadme libre los brazos, y así podréis ver los dos.
Guardainfante (Aparte.)	(Si le prenden, voto a Dios, que los he de hacer pedazos.)

(Salen el conde y Andrés.)

Conde	Antonio, ¿qué hacéis aquí? Entrad en la torre presto.
Antonio	A Carlos, que es el amigo de Alejandro, tengo preso.
Conde	Rompida ya nuestra gente, por el margen viene huyendo del Adige, undoso río:

140

los tiros de bronce nuestros
disparados por defensa,
hicieron tan poco efecto
que aun no dejaron en humo
las reliquias de su fuego.
Alejandro en nuestro alcance
por la arena va siguiendo
las estampas, que aun no quiso
el polvo encubrirnos ciego.
Ea, entremos en el castillo,
noble Antonio, y no aguardemos
a que él logrando un castigo
te disponga un escarmiento.

Antonio   Pues ea, Carlos, entrad
en nuestra torre.

Alejandro (Dentro.)   ¡Montescos,
al castillo!

Andrés   ¿A qué aguardamos?

Carlos   ¿Alejandro?

Antonio   Vive el cielo,
que haga otra vez, si le nombras,
que le nombres por el pecho.

Conde   Pues ea, a la torre, amigos,
que el tiempo nos dará el tiempo
para podernos vengar.

Antonio   Pues al castillo.

Andrés	Eso apruebo.
Carlos	¿Amigo?
Antonio	Cierra los labios.
Conde	Retiradle, y entrad presto.
Carlos	Venza mi amigo Alejandro, y mas que yo muera luego.

(Vanse. Sale Alejandro, y Guardainfante de donde estaba.)

Alejandro	¡A ellos, que entran al castillo!
Guardainfante	Ea, que se enjaulan; ia ellos!
Alejandro	Ninguno llegue conmigo.
Guardainfante	Tú sobras aquí; yo llego a subir hasta la torre.
Alejandro	Detente.
Guardainfante	Estoy hecho un perro; puesto que soy Guardainfante, mi nombre pienso poneros; porque sois unos maricas tendréis buenas faldas presto.
Alejandro	¿Vístelos entrar?
Guardainfante	Yo sí.

142

Alejandro	¿A quién?
Guardainfante	Al Conde, y al viejo, y a Andrés.
Alejandro	¿Y a Carlos has visto?
Guardainfante (Aparte.)	No le he visto. (Callar quiero, porque puede echar de ver que anduve como yo suelo.)
Alejandro	¿Cómo me podré vengar?
Guardainfante	¿Cómo, Señor? Pega fuego a esta torre.
Alejandro	Pues que ya mi divina Julia ha muerto, destos viles Capeletes las cenizas lleve el viento. Guardainfante, ¿aquesta torre es grande?
Guardainfante	Yo he entrado dentro, y es tan pequeña, que en ella no caben cien hombres.
Alejandro	Di esto: derribando las murallas, podrán librarse del riesgo de los peñascos que caen hacia dentro?

Guardainfante	No, por cierto, porque ellos la llaman torre, y es palomar.
Alejandro	Si yo puedo derribar toda la torre, ¿podré vengarme?
Guardainfante	Sospecho que no ha de escaparse nadie.
Alejandro	¿La artillería no han puesto, que estaba sobre la torre, en las faldas de aquel cerro por defensa?
Guardainfante	Así es verdad.
Alejandro	¿Mi Julia no es muerta?
Guardainfante	Es cierto mas ¿qué es lo que hacer intentas?
Alejandro	Con los mismos instrumentos con que intentaron matarme darles la muerte pretendo. Ea, amigos, asestad del bronce a metales hechos esos tiros a la torre. Ea, disparad.
Guardainfante	Me convengo.
Alejandro	Elena no ha parecido, Carlos debe de ser muerto;

Julia falleció; pues mueran
todos.

(Disparan.)

Guardainfante   Pólvora, y a ellos.

Alejandro   Todo un lienzo han derribado.

Guardainfante   ¡A la sábana, artillero!
                   ¡Capeletes en tortilla!
                   ¡Gran comida!

(Sale Antonio en lo alto.)

Antonio   Llamar quiero
                   a Alejandro desde el muro.

Alejandro   Señal de la torre han hecho.

Guardainfante   Un hombre salió, es verdad.

Alejandro   No disparéis.

Guardainfante   Lo que entiendo
                   es, que con la mucha lumbre
                   habrá saltado aquel huevo.

Antonio   ¿Alejandro?

Alejandro   ¿Quién me llama?

Antonio   Antonio soy, y el que vengo
                   a que oigas compadecido

	lo que escuchares atento.
Alejandro	Tarde a mi piedad apelas; ¿qué quieres?
Antonio	Pedirte quiero, que pues yo he sido la causa de tu venganza, supuesto que aticé segunda vez aquellos carbones muertos que no los quiso encender el soplo fácil del viento, que a mí solo des la muerte te pido, pues soy el mesmo que ha irritado a los demás, yo soy el que la merezco. Si el escarmiento procuras oye el mísero lamento de los que en este castillo, en mal repetidos ecos te piden todos.
(Dentro)	¡Piedad, noble Alejandro Romeo!
Alejandro	Quien corta al árbol las ramas y deja el árbol entero, es darle más fortaleza para que florezca luego; tú eres una inútil rama, los demás hacen el cuerpo; pues para que no florezca en obstinados renuevos, mi brazo arranque las ramas

y siegue el árbol mi acero.

Antonio   Ellos contra ti no tienen
                 indignación.

Alejandro   A buen tiempo.

Antonio   Si los vieras...

Alejandro   Esa es
                 la hipocresía del fuego.
                 La nieve encumbre en la cumbre
                 el Etna y el Mongibelo.
                 Y Etna y Mongibelo sé
                 que aguardan el fuego dentro.

Antonio   ¿Que no hay piedad?

Alejandro   No la aguardes.

Antonio   Mira.

Alejandro   No escucho tu ruego.

Antonio   Que Julia...

Alejandro   No oigo tu voz.

Antonio   Está...

Alejandro   Escucharte no quiero.
(Disparan.)   Disparad.

Antonio   ¡Ay infeliz!

	Ya te dejo.
Alejandro	Dale fuego.
Guardainfante	Tomen tortas mis señoras doña Lucía.
Alejandro	Hoy vengo una sinrazón que al alma vuestra indignación me ha hecho.

(Sale el conde en lo alto.)

Guardainfante	Otro moro anda en el muro.
Conde	¡Ha del monte!
Alejandro	Deteneos. ¿Quién eres?
Conde	El conde Paris. ¿Eres Alejandro?
Alejandro	El mesmo
Conde	¿No sabes que soy esposo de Elena?
Alejandro	Tarde lo siento.
Conde	¿Sabes que un tiempo la quise?
Alejandro	Sí lo sé.

Conde	¿Y que la aborrezco?
Alejandro	Mucho me preguntas, Conde.
Guardainfante	Los más condes tienen eso.
Alejandro	Sé que la muerte la has dado. Y yo te la doy por eso.
Conde	Viva es Elena, Alejandro; y si ahora no te muevo con tu misma sangre, tarde hallarte piadoso espero. Viva es Elena, tu hermana, y así ahora...
Alejandro	No lo creo.

(Sale Elena en lo alto.)

Elena	Pues Elena a tus piedades ha de llegar con los ruegos de la sangre, y del amor que la tienes llegue presto.
Alejandro	Muy tarde llegas, Elena.
Elena	¿Cómo tu crueldad no templo? Ya el Conde admite mis brazos, perdónale.
Alejandro	Están violentos. Si ahora al Conde y a ti os dejo la vida, temo

que mañana, o bien a su odio,
a su desdén o despego,
que son puñales del alma,
has de morir; pues si es cierto
que después te ha de dar muerte
su mismo aborrecimiento,
y no has de lograr mañana
la vida que darte puedo,
dando muerte a los dos juntos,
una venganza aprovecho,
y a ti te estorbo que mueras,
más piadoso que sangriento,
al embotado cuchillo
de su olvido o su desprecio.

Elena   ¿Pues para darme la muerte
               me pones un argumento?
               Sofística está tu ira.

Guardainfante ¿Hay más de decirle nego?

Elena   Tu hermana soy.

Guardainfante   Las hermanas
               nunca han sido de provecho.

Alejandro   Ea, disparad, mueran todos.

Elena   ¡Grande crueldad!

Guardainfante Volaverunt.

(Sale Carlos en lo alto.)

150

Carlos	¿Alejandro?
Alejandro	¿Quién llama?
Guardainfante	Otro demonio tenemos.
Alejandro	¿Tú estás preso, amigo Carlos?
Carlos	Sí, amigo, por ti estoy preso.
Alejandro	¿Pues qué intentas?
Carlos	A pedirte que me des la vida vengo.
Alejandro	Tu voz, vive el cielo, Carlos, me está penetrando el pecho. ¿Julia murió?
Carlos	Julia es muerta. Pero di, ¿qué culpa tengo para que tú en mí te vengues, si yo no soy quien la ha muerto?
Alejandro	¿Y he de perdonar a cuantos me ofenden?
Carlos	Deso me alegro, porque vean que tú eres mi amigo tan verdadero, que porque no muera yo quieres que no mueran ellos.
Alejandro	¿Tú por mi no has arriesgado

tu vida?

Carlos   Sí, a todo riesgo
de tu amor y de tu ira
me hallaste siempre dispuesto.

Alejandro   ¿Pues cómo hoy morir recelas?

Carlos   Es, que allí pude venciendo
vivir; pero si te vengas
desta manera, no puedo.

Alejandro   ¿Y he de quedarme sin Julia
porque tú vivas? ¿di esto?

Carlos   Y di, porque muera yo
¿vive Julia?

Alejandro   No por cierto.
Perdonar mucho, es hacer
al poder un menosprecio.

Carlos   Y castigar mucho, es
manchar el poder.

Alejandro   ¡Qué cuerdo
estás, como tú no tienes
mi amor y mi sentimiento!

Carlos   Como tú no has de morir
estás también muy discreto.

Alejandro   Yo he de vengarme, perdona.

152

Carlos	¿Y te vengarás con esto?
Alejandro	El perdón, hijo bastardo es del valor y el esfuerzo.
Carlos	Y también es el castigo hijo natural del miedo.
Alejandro	Quien se venga no es cobarde.
Carlos	Lo parece por lo menos.
Alejandro	Pues yo he de vengarme en todos.
Carlos	Y eso parece temerlos.
Alejandro	Yo con perder un amigo dos mil enemigos pierdo.
Carlos	No sabes tú lo que pierdes en un amigo, si es bueno, pero, en fin, ¿quieres que muera?
Alejandro	Carlos, yo no lo deseo, pero yo me he de vengar.
Carlos	¿Di qué te incita?
Alejandro	Mis celos.
Carlos	¿Y mi ruego?
Alejandro	Me lastima, mas no me templa tu ruego.

Elena	¿Tu sangre no te ha obligado?
Alejandro	No hierve, aunque está sin fuego.
Antonio	¿Ni mis canas te lastiman?
Alejandro	Me dan ira, y no respeto.
Conde	Templado está ya mi odio.
Alejandro	No llega tu enmienda a tiempo.
Andrés	¿Ni una vida no me pagas?
Alejandro	A esa muerte te la ferio.
Carlos	¿Ni un amigo no te obliga?
Alejandro	Ni de un amigo me templo.
Antonio	Pues si es para que yo viva éste el último remedio...
Conde	Pues si ha de llegar mi muerte después del último esfuerzo...
Antonio	Yo he de vivir, aunque tú quieras que el plomo en estruendos arruine tanto edificio.
Conde	Viviré, aunque tú sangriento darme muerte solicites.

Alejandro	Cómo, si yo soy el dueño
	del castigo, disparad,
	mueran todos, pues que muero.
Antonio	Pues disparad, que esta es Julia;

(Saca a Julia.)

	móvil de tus pensamientos.
Alejandro	No disparéis, aguardad.
Julia	Alejandro.
Alejandro	Deteneos.
Julia	Mira que soy yo.
Alejandro	Mi Julia,
	¡qué! ¿estás viva?
Julia	Quiere el cielo
	que sea tuya.
Alejandro	Di, ¿qué intentas?
Antonio	Habla, Julia.
Julia	Lo que intento
	es que a todos los perdones.
Alejandro	¿Tú lo pides?
Julia	Yo lo ruego.

Alejandro	Pues vivan los Capeletes,
	y Julia viva con ellos,
	que yo a una hermana, a un amigo,
	indignado y desatento,
	pude negar mis piedades,
	pero a mi dama no puedo;
	¿dasme a Julia por esposa,
	Antonio?
Antonio	Yo lo consiento.
Alejandro	¿Tú admites a Elena?
Conde	Sí.
Alejandro	Quedaron en nuestros pechos
	de lealtad y obligación,
	vínculos de amor estrechos.
Antonio	Soy tu padre.
Conde	Soy tu amigo.
Carlos	Yo como siempre he de serlo.
Alejandro	Pues tengan dichoso fin
	Capeletes y Montescos.
	Y don Francisco de Rojas,
	a tan grande coliseo
	pide el vítor, porque siempre
	merezca el aplauso vuestro.
	Fin

Libros a la carta

A la carta es un servicio especializado para
empresas,
librerías,
bibliotecas,
editoriales
y centros de enseñanza;
y permite confeccionar libros que, por su formato y concepción, sirven a los propósitos más específicos de estas instituciones.

Las empresas nos encargan ediciones personalizadas para marketing editorial o para regalos institucionales. Y los interesados solicitan, a título personal, ediciones antiguas, o no disponibles en el mercado; y las acompañan con notas y comentarios críticos.

Las ediciones tienen como apoyo un libro de estilo con todo tipo de referencias sobre los criterios de tratamiento tipográfico aplicados a nuestros libros que puede ser consultado en Linkgua-ediciones.com.

Linkgua edita por encargo diferentes versiones de una misma obra con distintos tratamientos ortotipográficos (actualizaciones de carácter divulgativo de un clásico, o versiones estrictamente fieles a la edición original de referencia).

Este servicio de ediciones a la carta le permitirá, si usted se dedica a la enseñanza, tener una forma de hacer pública su interpretación de un texto y, sobre una versión digitalizada «base», usted podrá introducir interpretaciones del texto fuente. Es un tópico que los profesores denuncien en clase los desmanes de una edición, o vayan comentando errores de interpretación de un texto y esta es una solución útil a esa necesidad del mundo académico.

Asimismo publicamos de manera sistemática, en un mismo catálogo, tesis doctorales y actas de congresos académicos, que son distribuidas a través de nuestra Web.

El servicio de «Libros a la carta» funciona de dos formas.

1. Tenemos un fondo de libros digitalizados que usted puede personalizar en tiradas de al menos cinco ejemplares. Estas personalizaciones pueden ser de todo tipo: añadir notas de clase para uso de un grupo de estudiantes, introducir logos corporativos para uso con fines de marketing empresarial, etc. etc.

2. Buscamos libros descatalogados de otras editoriales y los reeditamos en tiradas cortas a petición de un cliente.

9 7 8 8 4 9 9 5 3 6 2 5 5